내 안의
천재적 이기성을
깨워라

내 안의
천재적 이기성을
깨워라

이 성 운 / 지 음

다연
DAYEONBOOK

Intro
; 천재적 이기성을 각성하다

인간은 누구나 자기 자신을 위한 것이라면
최고의 정성과 노력을 기울인다.
저마다 이기심을 가지고 있기 때문이다.
그야말로 엄청난 힘이 숨어 있는 이 이기심을,
그런데 사람들은 노골적으로 드러내기를 꺼린다.

실상, 노력에 따른 결과물을 자기 것으로 가져갈 수 없다면
하는 시늉만 할 뿐 정말 최선을 다하지 않을 것이다.

반대로 자기 것으로 가져갈 수 있다면
모든 걸 바쳐 최선을 다해
불가능한 일조차도
가능한 일로 만들 것이다.

이는 이기심을 품은 사람의 자연스러운 행동 양상이다.
그렇기에 이기심을 무작정 나쁜 것으로 몰아갈 일은 아니다.

자신의 꿈을 마음껏 꾸고, 원하는 목표를 구체적으로 세우고,

그 목표를 추구할 자유가 있을 때 이기심은 제대로 발동한다.

열정을 북돋우고, 실행력을 불태우고,

마침내 행복을 이끌어내는 이 이기심을

나는 천재적 이기성이라고 부른다.

천재적 이기성은 마치 어린아이가

체면, 수치심 따위에 아랑곳하지 않고

바라는 바에 원초적으로 매달리는 그 마음과 흡사하다.

요컨대 천재적 이기성은 그 어떤 눈치도 보지 않고

자신의 이기심대로 원하는 바를

모든 수단과 방법을 다 동원하여 어떻게든 이뤄내는 승부 마인드다.

나는 천재적 이기성이야말로

행복한 인생을 만들어가는 데 가장 강력한 실전 도구라고 생각한다.

이 책은 이를 출발점이자 종착점으로 삼아 총 5장에 걸쳐

그동안 봉인되어 있던 천재적 이기성을 끄집어내고

온전히 발휘하게 해줄 것이다.

이제 이 책과 더불어 천재적 이기성을 제대로 활성화하자.

이로써 나 자신을 구하고, 타인을 구하고,

나아가 세상을 구하는 존재로 거듭나자.

이   성   운

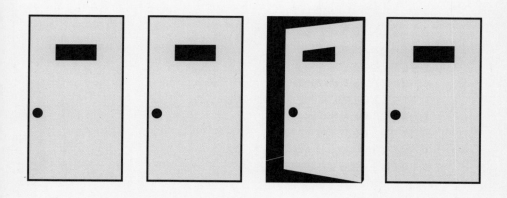

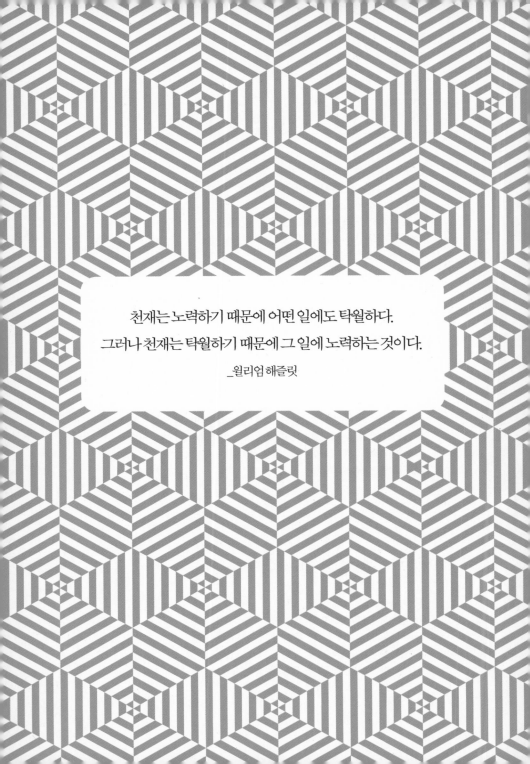

천재는 노력하기 때문에 어떤 일에도 탁월하다.
그러나 천재는 탁월하기 때문에 그 일에 노력하는 것이다.

_윌리엄 해즐릿

천재성은 고통을 참고 이기는 탁월한 재능을 가리킨다.

_새뮤얼 버틀러

Chapter 1

내 안의 창재적 이기심을 깨워라

내가 우뚝 서는 것이 먼저다

우리 사회는 자신의 이익을 위해 분투하는 것보다
자신을 희생하고 남을 위하는 것을 더 높게 평가한다.
좀 더 솔직히 말해, 자기 자신만을 위해 살아가는 행태를
거의 죄악시한다.
자기밖에 모르는 이기적인 사람으로 낙인찍으면서 말이다.

자수성가한 기업가들은 성공한 만큼
노블레스 오블리주의 미덕 아래 당연히 기부하고 봉사해야 하는데,
조금의 잘못이라도 보일라치면
하이에나처럼 달려들어서 물어뜯기 일쑤다.
성공한 기업가들을 영웅으로 대접하고 존경해주는
서방의 사회 분위기와는 사뭇 다르다.

확실히 우리나라에서는 자신의 사리사욕을 추구한 사람보다는
타인을 위해 자신을 희생한 사람을 영웅시한다.
이러한 사회 분위기 속에서
우리에게 이기심은 드러내지 말아야 할 원초적 본성으로서
악(惡)이 되다시피 했다.

하지만 이기심은 무작정 억누르고 제거해야 할
부정적 마인드가 아니다.
우리는 이기성을 재조명해야만 한다.
누구나 생계를 위해 경제활동을 해야 한다.
자본주의, 자유시장경제 체제 아래서
경제활동을 한다는 것은
궁극적으로 타인을 만족시키는 것이다.
고객을 만족시키지 못하고 고객의 선택을 받지 못하면
시장에서 경제활동을 할 수 없다.
즉, 돈을 벌지 못하는 것이다.

국가가 독점하여 운영하는 산업 외에는
모든 재화(財貨)나 서비스가
시장에서 고객의 선택을 받기 위해 경쟁한다.
경쟁을 통해 고객의 선택을 받는 재화는 돈을 버는 것이고,
선택받지 못하는 재화는 돈을 벌지 못하는 것이다.
경쟁에서 이겼다는 의미는
고객을 더 잘 만족시켰다는 뜻이다.

가격이 더 싸든, 디자인이 더 좋든, 속도가 더 빠르든
어떤 부분에서든 고객을 더 만족시켜야 경쟁에서 이길 수 있다.

경쟁에서 승리하려면 공급자는 고객을 상대로
'어떻게 더 잘할까? 어떻게 더 잘 만족시킬 수 있을까?'를
치열하게 고민해야 한다.
이를 기반으로 최적의 실물을 내놓을 때 그 결과로써 돈을 벌 수 있다.
요컨대 돈을 벌려면 타인(고객)의 니즈를 정확히 꿰뚫고
그 요구를 온전히 해소해줘야 한다.
결국 돈은 타인을 잘 만족시켰다는 증표인 셈이다.
이러한 메커니즘을 이해한다면
자신의 이기적 목적 달성을 위해 치열하게 노력하는 일이
바로 남을 돕고 이롭게 하는 중요한 의무임을 알 수 있을 것이다.

아이와 함께 비행기를 탔는데, 비상 상황이 벌어져
산소마스크가 내려오면 부모는 어떻게 해야 할까?
부모 먼저 산소마스크를 착용한 후
아이에게 산소마스크를 씌워야 한다.
부모가 정신을 잃는다면 아이를 지킬 수 없기 때문이다.
어떤 상황에서든 일단 자기 앞가림을 할 수 있어야 남도 도울 수 있다.
본인 앞가림을 못 하는 상황이라면
남을 돕기는커녕 남에게 피해를 줄 수 있다.
왜냐하면 정작 도움을 받아야 하는 당신 때문에
누군가가 희생하여 당신을 도와야 할 테니까.

누구나
자신의 분야에서 정상에 서기까지
일정 기간 자기 자신에게 몰입하면서
철저히 이기적인 태도를 유지해야 한다.
이기심을 극도로 발휘하여 더 나은 자신으로 업그레이드했을 때,
그제야 비로소 타인에게

자신의 가치를 공유하며 도와주는 일을 꾀할 수 있다.
자신의 확고한 입지가 서지도 않았는데
남을 위한다는 명목으로 자신의 길에 집중하지 못한다면
누군가를 도와주는 일은 영원히 언감생심이다.
앞서 말했듯 도리어 남의 도움을 받아야 하는
민폐의 상황에 처할 수 있다.
그리되면 냉정히 말해 누군가에게 애물단지,
귀찮은 존재에 불과할 뿐이다.

따라서 집중해야 할 때 제대로 이기심을 발휘해야 한다.
철저히 이기심을 앞세워 해야 할 일을 온전히 하고,
냉엄하게 승부를 보고,
그렇게 자신의 앞가림부터 해야 한다.
남을 돕는 일은 그다음이다.
부디 순서를 혼동하지 말길 바란다.

나의 삶은 내가 지휘한다

학교생활이든 회사생활이든, 우리는 무슨 일을 하든 얽힌 인간관계에서 벗어날 수 없다. 이 관계는 즐거움과 행복의 원천이 되기도 하지만, 많은 경우 괴로움과 고통의 원천이 된다. 실상 얼마나 많은 이가 관계로 말미암은 괴로움 때문에 스트레스를 받고 극단적인 선택까지 하는가! 정신과 진료를 받는 사람이 이미 급증하여 사회 문제가 된 지 오래며, 현재 우울증·양극성 장애·조울증·공황장애 등의 정신질환을 호소하며 병원을 찾는 사람은 계속 증가하는 추세다.

어렵게 들어간 직장을 퇴사하는 이유에서
항상 1위 아니면 2위가
직장 내에서의 인간관계 스트레스다.

"회사생활 힘들죠?"라고 물을 때 가장 많이 하는 대답은 "사람이 힘드네요"이다. 그만큼 우리는 관계 속에서 오는 스트레스에 매우 취약하다. 왜 그럴까? 세상은 우리에게 남을 위하고 사랑하고 아끼는 법을 가르치지만, 정작 자신을 위하고 사랑하고 아끼는 법은 가르치지 않기 때문이다. 자신을 사랑하고 아낄 줄 알아야 남도 사랑하고 아낄 수 있는데 말이다.

많은 사람이 간과하고 있는 인생의 진실이 있다. 그것은 내가 가진 것만을 남에게 줄 수 있다는 평범한 진실이다. 내가 기쁘고 행복해야 남에게도 기쁨과 행복을 줄 수 있고, 내가 웃을 수 있어야 남도 웃게 만들 수 있고, 내가 사랑으로 가득 차야 남도 사랑할 수 있다. 짜증과 불안으로 가득 찬 상태에서 남에게 평안과 기쁨을 줄 수는 없는 노릇이다.

우리는 스스로 무얼 원하고 스스로를 어떻게 생각하는지보다 다른 사람과 비교하여 자신을 평가하도록 배웠고, 남들이 자신을 어떻게 생각

하는지가 더 중요하다고 배우며 자라왔다. 그래서 어떤 사건에 대해 자신에게 어떤 감정이 생겼을 때 그 감정의 원인을 외부에서 찾는 데 익숙하다.

'그 사람 때문에 힘들어.'

'그 사람이 나를 열받게 해.'

'그 사람 때문에 자존심이 상했어.'

'그 사람 때문에 온종일 기분이 안 좋았어.'

이처럼 우리는 감정의 원인을 외부에서 찾는 사고 체계 패턴에 길들어 있다. 사실 지금까지 이렇게 생각해왔지만 그러한 사고 뒤 기분이 좋아지거나 충만함을 느낀 적은 그 누구도 없지 싶다. 왜냐하면 내 안의 '천재적 이기성'은 타인이 나를 함부로 대하는 것을 싫어할뿐더러 허용하고 싶어 하지 않기 때문이다.

누구나 자신이 원하고 바라는 대로 하고 싶지, 타인의 시선이나 의견 때문에 자신의 욕구와 바람을 누르고 싶지는 않을 것이다. 그럼에도 그 사회적 시선들을 따르지 않았을 때의 두려움이 너무 커서 순응하는 부분이 있었을 것이다.

이제 자신에게도 남들에게도 하등 도움 되지 않는 '외부 탓으로 돌리는 사고 체계 패턴'을 버리고 자기 내면의 '천재적 이기성'에 귀 기울이고 그 것을 따르는 용기를 내야 한다. 이를 위해 우리는 잊고 있던 하나의 진실과 마주하고 더는 망각하지 말아야 한다. 바로 이것이다.

'내 감정에 대한 책임과 원인은 온전히 나에게 있다!'

내 감정은 내가 선택한 생각 때문에 생겼고, 그 생각은 내가 마음먹고 선택만 한다면 방향을 달리할 수 있고, 그렇게 되면 그 생각에 맞는 다른 감정이 내게 온다는 진실!

자신에게 일어나는 감정은 어떤 일이 일어나느냐가 아니라 그것을 본인이 어떻게 해석하고 생각하느냐에 따라 달라진다.

예컨대 어떤 피곤한 일을 마치고 곤죽이 되어버린 몸을 이끌고 집에 왔다. 예민해질 대로 예민해진 정신 상태······. 빨리 씻고 누워서 푹 자고 싶은 마음뿐이다. 대충 씻고 잠자리에 누웠다. 한순간 스르륵 잠이 들었다. 그런데 잠이 든 지 10분 만에 창밖의 시끄러운 소리 때문에 깼다.

상황 1: 야밤에 누가 자동차 경적을 계속 울린다. 화가 치민다. 창문을 열어 소리를 지르고 싶다. 누군지 알아내 복수를 하고 싶다. 부아가 치민 감정을 계속 곱씹으며 스스로를 괴롭힌다.

상황 2: 천둥이 계속 친다. '폭우가 쏟아지려나?' 생각하다가 아무런 부정적 감정 없이 다시금 잠을 청한다.

똑같이 시끄러운 소리에 깼지만 상황 1에서는 그 자동차 경적이 나를 향한 것이라는 생각, 그놈만 아니었으면 깨지 않았을 거라는 부정적 생각으로 오랫동안 스스로를 괴롭혔다. 자기감정의 통제권을 완전히 외부로 넘겨버린 것이다. 상황 2에서는 천둥소리가 나를 향한 게 아니라 그저 자연 현상일 뿐이라는 생각으로 그냥 넘길 수 있었다. 이처럼 자기 생각이 자신의 감정을 만든다. 부정적인 생각은 부정적인 감정으로 이어지고, 긍정적인 생각은 긍정적인 감정으로 이어진다. 한 사건을 어떻게 생각하고 해석하는지는 자신에게 달려 있다.

감정은 내가 만들고 통제하는 것임을 깨달아라. 그럴 때 내가 나의 삶을 진정으로 지휘할 수 있다. 그동안 타인에게 자기감정의 통제권을 넘겨주고 그것에 휘둘렸던 우를 이제 더 이상 범하지 말자.

인생 말미에 할 후회

　　　　　인생이라는 것을 깊이 성찰하지 않은 결과,

많은 이가 삶을 낭비하고 있다.

보류된 삶이라고 하든,

억압된 삶이라고 하든,

죽어 있는 삶이라고 하든

우리는 대부분 원래 삶이 그런 것이려니 하고 체념하며

언젠가 올지 안 올지 모르는 미래를 기대하며 산다.

독일의 철학자 니체는 말했다.

"하루 3분의 2를 자기 마음대로 사용하지 못하는 사람은 노예다."

그렇다.

노예제도는 오래전에 없어졌지만,

그럼에도 우리 대부분은 현대판 노예다.

하루 3분의 2는커녕 3분의 1도

자기 마음대로 사용하지 못하는 사람이 대부분이니까.

그냥 사는 대로 생각하지 말고 생각하며 살아야 한다.

'과연 이대로 괜찮은가?'
인생의 가장 중요하고 본질적인 물음을 애써 외면하지 말아야 한다.
왜냐하면 단 한 번 주어진 인생은
그래서 매 순간이 실전이기 때문이다.
사람들은 마치 인생에 리허설이 있는 양 삶을 살아간다.
언젠가는 자신에게 진짜(?) 삶이 올 것처럼
헛된 기대를 안고 하루하루 똑같이 반복하며 살아간다.
마치 이번 삶은 대충 살고,
다음번 생애에 제대로 한번 살아봐야지 하는 망상이
은근히 깔려 있는 듯하다.

우리는 만사 제치고
인생의 본질적인 질문과 마주해야 하고,
내면의 소리에 귀를 기울여야 한다.

'나 이대로 괜찮은 건가?'
'이것이 내가 바라는 삶인가?'

'지금 이대로 살면 그 끝에 내가 원하는 삶이 기다리고 있을까?'

'내가 진짜 원하는 삶은 무엇인가?'

'나는 왜 살며, 왜 이 세상에 온 것인가?'

'나는 누구인가?'

'내 인생의 말미에서 할 후회는 무엇인가?'

이런 본질적인 질문에 대한 답을 구하지 않으면

삶은 늘 공허와 허무에 부딪힐 것이다.

누구나 삶의 끝자락에

"나 참 잘 살았다. 나 한평생 후회 없이 살았다"라고 말하길 원할 것이다.

그렇다면 그런 질문에 대한 나름의 답을 정리해야만 한다.

앞선 사람들의 인생 끝에서 만나는 질문과 후회는 무엇인지

연구한 자료 열람도 도움 될 것이다.

앞서간 사람들이

인생의 끝자락에서 가장 뼈아프게 후회하는 것들은 무엇일까?

몇 년간 오스트레일리아에서 일한 간호사 브로니 웨어가

말기 환자들을 돌봤던 자신의 경험을 바탕으로

블로그에 올렸던 글을 모아 책으로 펴냈다.

바로 《내가 원하는 삶을 살았더라면》인데,

여기에는 죽음을 앞둔 사람들이 하는

대표적인 후회 다섯 가지가 나온다.

첫 번째로 꼽은 후회는 '내가 원하는 삶이 아닌, 다른 사

람이 기대하는 삶을 산 것'이다.

누구나 어렸을 때는

자신이 되고 싶은 것, 살고 싶은 삶을

남의 시선 신경 쓰지 않고 품고 남에게 당당히 이야기한다.

그런데 나이를 먹어가면서 자신의 '별'을 버리고

남들이 현실적이라고 하는 생각과 삶의 방식(life style)에

자기 생각과 꿈을 맞춰간다.

내가 원하는 삶이 아닌

다른 사람들이 안전하다고 하고, 좋다고 하는 길을 선택한 삶의 대가는

가슴 아프게도 삶의 마지막 순간에 눈물, 회한으로 범벅이 된

뼈저린 후회이다.

책에 소개된 한 환자는

"내 삶을 되돌아보니 다른 사람의 시선 때문에

시도하지 못한 꿈들이 생각난다"라고 말했다.

자신의 삶을 돌아보고

삶의 마지막에 후회 안 할 자신이 있는지 답해야 한다.

그런 후회를 하기 싫다면

이제 자신의 '천재적 이기성'을 꺼내

다른 사람 눈치 보지 말고 자신이 바라고 좋아하는 삶을

현실적으로 어떻게 이루어갈 것인지 생각하고

과감히 행동해야 한다.

그게 어떤 결과로 다가오든 자신에게 진정한 삶이 될 것이다.

적어도 두려움 때문에

자신이 그토록 바라고 원하던 일을 시도조차 하지 못한

불쌍한 영혼들과는 격이 달라질 테니까.

두 번째로 거론한 후회는 '일을 너무 열심히 한 것'이다.

환자들은 아이가 성장하는 모습을 보지 못한 것과

배우자와 더 많은 시간을 갖지 못한 것 등

일에 묻혀 가족을 챙기지 못한 점을 가장 후회되는 일로 꼽았다.

이제껏 회사생활을 하면서

그토록 스트레스를 받고 애쓰고 애간장 녹이며 움켜쥔 일들 중

지금 당신에게 유의미한 일로 남은 일은 과연 얼마나 되는가?

생각보다 많지 않을 것이다.

따라서 그것들에 당신이 무작정 휘둘릴 필요가 전혀 없음을

깨달아야 한다.

이 책에서 꼽은 또 하나의 후회는 '내 감정을 솔직히 표현

하지 않은 것'이다.

다른 사람들과의 원만한 관계를 위해 솔직한 감정을 말하지 않아

정신적 피로가 쌓였다는 게 브로니 웨어의 설명이다.

남의 시선이 신경 쓰여서

원하는 바와 감정을 표현하지 못하다가

용기 내어 그것을 했을 때의 통쾌함과 유쾌함을

한 번쯤 느껴봤을 것이다.

어차피 내가 무슨 짓을 해도

누구는 나를 싫어하고 누구는 나를 좋아한다.

세상의 모든 이가 다 좋아하는 사람이란 이 세상에 없다.

유명인사 그 누구도 다 마찬가지다.

누구는 싫어하고 누구는 좋아하게 되어 있다.

이런 점에서, 모두에게 사랑받으려 하고 호감을 주려는 바람 자체가

부질없는 것임을 받아들이고

자기감정에 솔직해지는 연습을 할 필요가 있다.

그 외의 후회 리스트는 '옛 친구들과 연락이 끊긴 것',
'변화를 두려워해 즐겁게 살지 못한 것'이다.

분주한 중에도 우리는

삶에서 진짜 중요한 것과 사소한 것을 구분하는 지혜를 발휘해야 한다.

삶은 두 번 살 수 없고,
시간은 되돌릴 수 없는 것이다.

당신은 삶의 끝자락에서 후회의 눈물을 흘릴 것인가,

아니면 후회 없는 삶을 살았다고 말할 것인가?

결국 당신의 선택에 달렸다.

이기적 본능 1:
나는 나를 사랑한다

솔직히 대답해보자.

'당신 자신을 사랑하는가? 정말 자신을 좋아하고, 믿고, 만족하는가?'
이 물음에 진정으로 그렇다고 답할 수 있다면 삶은 매우 풍요롭고 행복하고 만족스러울 것이다. 자신을 사랑할 수 있어야 남도 사랑할 수 있고, 남을 사랑할 수 있어야 남도 당신을 사랑하는 선순환이 이루어지며 관계에서 오는 행복을 느낄 테니까.

자신을 좋아하고 믿고 만족한다는 것은 자신의 자아 이미지가 그렇게 형성되어 있다는 뜻이다. 자아 이미지는 '자신이 어떤 류(類)의 사람이다'라는 개인적 믿음이다. 이러한 자아 이미지는 자신이 무엇을 하건 영향을 미친다.

예컨대 '나는 이성에게 매력이 없다'는 자아 이미지를 가지고 있다고 하자. 그는 자신이 자아 이미지를 바꾸지 않은 상태에서는 어떤 노력을 해도 이성에게 자신의 매력을 어필하지 못할 것이다. 겉으로는 노력하는 척하겠지만 자신에 대한 믿음, 즉 자아 이미지가 '나는 이성에게 매력이 없다'는 걸 알리며 발목 잡을 것이기 때문이다. 이런 자아 이미지는 자신의 경험, 다른 사람과의 관계, 남들이 자신을 대하는 태도를 통해 무의식중에 형성된다.

당신은 어린 시절, 당신 자신을 사랑하는 데 천부적인 재능이 있었을 것이다. 세상, 타인으로부터 자신의 존재와 욕구를 영향받기 전이었으니까. 그때는 나의 가치를 남에게 물어보지 않는다. 그저 자신의 욕구를 중시하고, 자신의 가치를 귀히 여기고, 자신을 사랑하고, 자기 존재 자체를 소중히 여기는 천재적 이기성을 유감없이 발휘하던 시기였으니까.

지금 당장 깨달아야 한다. 당신의 천재적 이기성은 본능적으로 자신을 본래 멋지고 귀한 사람이라고 여기도록 타고났다는 사실을 말이다.

사실 성장하면서 나보다 남을 더 생각하고, 눈치 보고, 의사결정의 기준이 내가 좋고 옳다고 여기고 생각하느냐가 아니라 남이 그 결정을 어떻게 보고 판단하느냐가 기준이 된다. 이런 환경 속에서 자연스럽게 나 자신을 먼저 생각하고 사랑하기보다는 나 자신을 억누르고 자신을 신뢰하지 않게 된다.

이제 그 족쇄를 벗어던져야 한다. 당신 자신을 믿고 사랑하고 존중했던, 그 천재적 이기성을 다시 불러내야만 한다.

내가 나를 사랑해야 진정한 의미에서 남도 사랑할 수 있다. 그래야 남도 나를 사랑할 수 있다. 내가 나를 존중해야 남도 나를 존중하는 법이다. 내가 허락하지 않는 한 누구도 나에게 열등감을 줄 수 없다. 이 말의 의미는 내가 스스로 어떤 부분에 대해서 열등감을 느끼지 않는다면 누가 뭐라고 해도 나는 그 부분에서 열등감을 느끼지 않는다는 것이다. 그렇다면 결과적으로 그 열등감은 더 이상 열등감이 아닌 것이다.

실제 의학계에서 있던 일이다. 나이 비슷한 두 남자가 비슷하게 이마에 찢어진 상처가 있었다. 한 남자는 그 상처를 머리카락으로 최대한 숨기고 다녔고, 그것이 열등감 및 콤플렉스로 작용하여 성형외과에 수술을 받으러 왔다. 다른 한 명은 그 이마의 상처를 자신감이자 영광의 증표로 자랑스럽게 여겼다. 그 상처는 참전했을 때 적과 싸우다가 입은 것이라 했다.

열등감은 자신이 만드는 것이고, 자신이 열등감이라고 인정해야 열등
감이 되는 것이다. 이 열등감은 내가 만드는 감정인 만큼 내 안에 있던
게 밖으로 발현된 것이다.

생각해보면 성공도 마찬가지다. 내가 성공해야 남의 성공을 도울
수 있다. 같은 이치로 내가 화와 짜증, 우울감으로 가득 찬 상태에
서 타인에게 활기, 행복, 유쾌함, 웃음을 줄 수는 없는 일이다. 이처
럼 모든 것의 시작은 나 자신이다. 나는 내가 가진 것만을 남에게
줄 수 있는 것이다. 이는 반드시 깨달아야 하는 인생의 진실이다.
'사랑'이라는 가치가 이 세상에서 가장 중요하고 소중한 가치라는 데는
누구도 이견이 없을 것이다. 그 사랑이라는 가치의 시작점은 자신을 사
랑하는 데서부터다. 자신을 사랑하지 않음으로써 얻을 이익은 아무것
도 없다. 남과 진정한 사랑을 나눌 수도 없고, 가치 있는 무언가를 이룰
수도 없다. 자신을 사랑하지 않는데 자신을 위해 귀하고 가치 있는 노력
을 할 리가 있겠는가.
〈햄릿〉의 1막 3장에 이런 대사가 나온다.

"무엇보다도 너 자신에게 충실할 것, 그렇게 하면 밤이 지나 낮이 오듯이 다른 사람에게도 충실해지게 마련이다."

이제 나 자신에게도, 타인에게도 하등 쓸모없는 족쇄를 풀고 당신의 이기적 본능인 '자기 사랑'을 마음껏 실천해보자. 거듭 말하지만 당신은 어렸을 적에 정말로 징그럽게 당신 자신을 사랑했다. 당신은 이미 가지고 있다, 그 천재적 이기성을 말이다. 이제 족쇄를 풀기만 하면 된다.

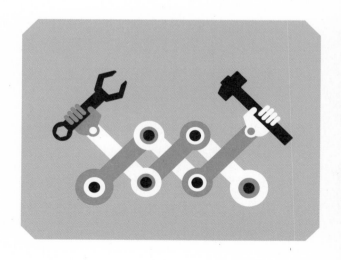

이기적 본능 2:
타인에게 의존하는 삶은 굴종이다

　　대부분의 새끼 동물은 1~3년 정도 어미의 도움을 받고, 그 이후에는 혼자서 거친 광야를 겪어내며 살아간다. 맹수 호랑이의 경우, 19개월~28개월 사이만 어미가 보살피다가 그 이후엔 어미 곁을 완전히 떠나 독립하여 살아간다.

하지만 인간은 다르다. 인간의 타인에 대한 의존성은 양육 환경에서부터 시작한다. 인간은 다른 어떤 동물들보다 오랜 기간 부모의 보살핌을 필요로 한다.

개인차가 있겠지만 최소 12세에서 18세에 이르기까지 부모의 도움이 절대적으로 필요하고, 요즘에는 20세 넘은 성인도 부모에게 의존하고 의지하는 사람이 많다. 이는 자신의 모든 안위와 생존이 부모에게 거의 달려 있는 양상이다. 그렇게 몸에 밴 자신의 미숙함을 타인(친구, 선배, 상사, 선생님)에게 투사하면서부터 큰 문제가 생기기 시작한다.

이 세상은 자신의 이익을 위해 살아가는 사람들로 구성되어 있다. 자신의 이익을 희생해가면서까지 타인의 이익을 보장하는 사람은 없다. 이런저런 말들로 포장하고 감싸고 가릴 테지만 그들 각자의 내면에는 '사적 이익'이라는 명제가 뿌리 깊고 굳건하게 박혀 있다.

이러한 냉철한 세상에서 남들이 당신을 위해주리라는 시각으로는 새로운 걸 얻기는커녕 자신의 것도 지키지 못하는 불쌍하고 비참한 삶이 될 뿐이다. 그들은 그들을 위해 살아가지, 당신을 위해 살아가지 않기 때문이다. 그리고 그들 또한 너무나 미숙하고 미약하고 실수 많고 자신의 이익을 먼저 생각하는 불완전한 범인(凡人)일 뿐이다. 이처럼 누군가에게 의존하는 삶은 굴종적 삶이 될 수밖에 없고, 그 자체로 존엄한 삶이 되기 매우 어렵다.

누군가의 지시와 통제를 받고 싶은 사람은 없을 것이다. 이는 내재되어 있는 '천재적 이기성' 때문이다. 자신을 믿고, 자신이 노력하여 도전하고, 때론 넘어지기도 하면서 배워가며 성취하길 바라고, 그렇게 삶을 살아갈 때 좋은 걸 더 많이 얻을 것이다.

당신은 자신의 정체성과 개성을 자유롭게 드러내고 싶고, 설령 실패하더라도 자신의 의지와 뜻대로 결정하고 싶은 자유에 대한 바람을 갖고 있을 것이다. 하지만 그 바람은 두려움에 의해 발목을 잡힌다. 바로 책임지는 것에 대한 두려움, 실패했을 때의 두려움 말이다.

위험을 감수하기보다는 그냥 순응하며 살아가는 굴종적 안도, 남이 대신 책임져주리라는 헛된 안도감, 누군가에게 혹하는 마음……. 이러한 것들이 당신을 당당히 자립적인 진짜 어른으로 발돋움하는 데 발목을 잡는다. 이런 심리적 족쇄를 풀지 못하면 당신은 지금 현재에서 단 한 발짝도 내딛지 못할 것이다.

옛날 노예제도가 존재할 때 많은 노예는 그저 시키는 대로 하면 재워주고, 먹을 것 주고 하는 삶에 만족했다고 한다. 스스로 결정할 일도, 책임질 일도 없는 그런 삶 말이다. 당신이 지금 그런 노예근성을 갖고 있는 것은 아닌지 돌아봐야만 한다.

남들이 하라는 대로 하고 살면 남들이 자신을 좋아할 것 같은 일견 타당해 보이는 주장도 진실이 아니다. 우리는 과감히 자신의 길을 개척하고, 남들이 뭐라 해도 자신의 자존감과 가치, 정체성을 지키는 사람에게 매력을 느끼고 존경심을 갖는다. 당연히 정체성도 없고 남들이 만들어놓은 길만 가는 사람에게 매력을 느끼거나 존경심을 품기란 어렵다. 당신이 다른 사람의 마음에 들려고, 호감을 주려고, 맞추려고 하는 노력을 그만두는 순간 당신은 더욱 매력적인 사람이 될 것이다. 이는 친구, 부모 자식, 부부 사이의 관계에서도 적용된다.

친구 사이에서도 아무리 친하다고 해도 서로의 존재를 인정하고 다름을 존중하고 기본적인 예의를 지키는 가운데 우정은 꽃피고 유지된다.

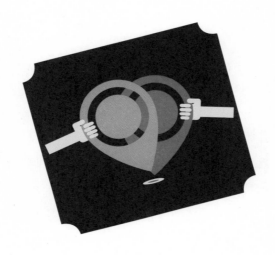

부모 자식의 관계에서도 부모가 부모 자신의 인생을 중시하고 스스로
를 소중히 여긴다면 자식도 그런 부모의 자존감을 배워 자신을 소중히
여기고 그 자존감을 토대로 타인과의 관계를 잘 만들어갈 것이다.

부부관계도 마찬가지다. 세계적인 매니지먼트 사상가이자 경영구루인
찰스 핸디는 결혼생활에 대해 이렇게 말했다.

"결혼생활은 부부가 각자 별도의 공간을 가지면서 동시에 부부로 결속
되어 있을 때 가장 잘 돌아간다. 나와 아내는 밀접하게 지내면서도 물리
적으로 분리된 공간에서 서로 다른 일을 하기 때문에 별 탈 없이 지낼 수
있었다. 우리는 늘 함께하지만 지나치게 가깝지는 않았다."

인간관계를 보면 서로 어떤 면에서건 독립되어 있을 때 가장 잘 돌아가

는 법이다. 어떤 관계가 삐걱거리고, 무언가 문제 있어 보이는 관계를 들여다보면 틀림없이 한 사람이 다른 사람에게 심리적이든 재정적이든 의존하고 있는 관계일 것이다.

의존적 마음을 버리지 못하는 한 인생의 어떤 분야에서든 계속 꼬일 것이다. 어떤 대가를 치러서라도 타인으로부터 심리적·재정적·육체적으로 완벽한 독립을 이루는 것을 인생의 중요한 목표로 삼고 이루어내야만 한다.

이기적 본능 3:
나는 무한대다

당신에게 붙어 있는 꼬리표는 얼마나 되는가? 그 꼬리표는 당신을 얼마나 옥죄고 있는가? 당신이 어떤 그룹에 들어갔을 때 '당신은 어떠하다'라는 꼬리표가 붙는다면 당신의 행동은 제한될 것이다.

가령 당신이 학급에서는 굉장히 유머러스하고 활발하고 사교성 좋지만, 당신이 가입한 한 봉사 단체에서는 내성적이고 수줍음 많은 사람이라는 꼬리표가 붙었다면? 희한하게도, 당신은 그 그룹 안에서 말 없고 내성적이고 비사교적인 사람임을 증명하는 말과 행동을 하게 될 것이다.

마찬가지로 당신의 부모와 형제가 "우리 집안은 수학에는 젬병이야"라는 말을 입에 달고 살고 당신의 무의식에 그 생각과 믿음이 자리 잡히면 당신은 성공적(?)으로 수학을 못하는 사람이 될 것이다. 왜냐하면 당신이 수학 공부를 하자면 그러한 믿음이 보이지 않는 족쇄로 작용하여 방해할 테니까.

'수학 공부를 해야 해. 수학 공부 좀 해볼까. 한번 해봐야지. 난 할 수 있어. 아! 이 개념 어렵네. 도저히 이해가 안 가. 에이, 못하겠다. 난 못해. 아무래도 나는 수학을 못하는 머리를 타고난 것 같아……'

이런 식으로 말이다. 개념을 철저히 이해하고 외우고 반복하고 다양한 난이도의 문제를 풀어보면 누구나 수학을 잘할 수 있는데도, 잘못된 믿음으로 평생 수학을 못하는 사람으로 살아간다. 당연히 수학을 못함으로써 자신에게 열릴 수 있는 수많은 좋은 가능성을 제한한다.

이것이 꼬리표의 족쇄이다. 자신의 생각과 행동을 그 꼬리표로 옭아매니 당연히 그런 것이다. 스스로 족쇄만 채우지 않는다면 우리는 무엇이든 될 수 있고 할 수 있다.

이는 스탠퍼드대학교의 교수 캐롤 드웩이 과학적 연구로 증명한 '능력 성장 믿음 vs. 능력 불변 믿음'이라는 주제다. 능력 불변 믿음은, 본인의 지능과 능력은 이미 일정한 수준으로 정해져 있으며 노력해도 변하지

않는다고 믿는 것이다.

당신에게 달린 꼬리표를 믿고, 그 꼬리표대로 휘둘리는 것이 이런 능력 불변 믿음이라 할 수 있다. 반대로 능력 성장 믿음은 노력 여하에 따라 지능이나 능력이 얼마든지 향상될 수 있다고 믿는 것이다. 자신에 대해 남이 어떤 꼬리표를 달든지 자신의 노력과 능력 여하에 따라 변할 수 있다고 여기는 믿음이다.

무의식중에 능력 불변 믿음을 가진 사람은 남들이 자신을 규정지은 대로 족쇄에 갇힌 채 살아갈 수밖에 없다. 자신의 의지와 관계없이 남들이 때로는 불순한 의도로 당신에게 나쁜 꼬리표를 붙이면 당신은 그걸 자신의 것으로 받아들인다. 그런 비합리적이고 비과학적인 미신 같은 생각이 당신의 개성과 행동에 족쇄를 채운다. 마치 족쇄가 채워진 코끼리처럼! 코끼리의 족쇄 이야기를 잠깐 할까 한다.

여기 뒷다리에 5센티미터의 족쇄를 찬 다 큰 코끼리가 있다. 그 족쇄는 2미터 길이의 쇠사슬에 연결되어 있고 그 사슬은 땅에 박힌 말뚝에 묶여 있다. 코끼리가 원하기만 한다면 언제든지 그 정도의 말뚝은 뽑아낼 수 있다. 그러나 코끼리는 그렇게 하지 않는다. 그렇게 할 수가 없다.

그 코끼리가 사슬에 묶이기 시작한 것은 아주 어렸을 때였는데, 당시는 그것을 움직일 만큼 힘이 세지 않았다. 처음에는 말뚝을 뽑아내려고 여

러 번 시도했지만 얼마 안 가서 그래봐야 소용없다는 사실을 깨달았고 그것을 어쩔 수 없는 자기 삶의 조건으로 받아들였다. 그래서 자기 힘으로 벗어날 수 있을 만큼 충분히 힘이 세어졌을 때도 코끼리는 더 이상 시도하지 않는다. 그저 건초, 물, 그리고 이따금씩 땅콩을 얻을 수 있는 약 6피트의 반경 안에서 생활하는 것에 만족하며 지낸다.

능력 불변 믿음을 가진 사람은 위의 코끼리와 같은 상황에 있는 셈이다. 그냥 한 발만 내디디면 말뚝은 쉽게 뽑히고 자신이 갈 길을 갈 수 있는데 할 수 없다고 스스로 믿어버림으로써 그깟 말뚝 하나에 지배당하는 것이다.

그 반대편에 능력 성장 믿음이 있다. 유전 과학자들이 밝혀낸 바에 의하면 한 사람의 유전자가 그 미묘하고 복잡다단한 인간 행동의 많은 측면에 주는 영향은 극히 일부라고 한다. 이는 유전자가 주는 영향력은 미미하고 당신의 노력 여하에 따라 당신의 지능이나 능력이 얼마든지 나아질 수 있다는 이야기이다.

드웩이 실시한 한 실험에서 "너는 참 머리가 좋다" 혹은 "너는 참 똑똑하다"라고 타고난 것에 대해 칭찬한 그룹에서는 새로운 것을 향한 도전의

노력을 기울이기보다는 쉬운 것을 선택해서 실패를 피하려고만 할뿐 더러 자신의 도전에 약간이라도 실패가 예상되면 회피하는 현상을 보였다.

반면 "이렇게 시험 잘 본 걸 보니 너는 노력을 참 많이 했구나" 혹은 "더 노력하면 더 잘하겠구나"처럼 의지 및 노력에 대한 칭찬을 받은 그룹은 실패의 두려움 없이 적극적으로 어려운 문제에 도전했고 실패에도 유연한 태도를 보였다. 실패해도 노력하면 나아진다는 믿음이 있었기 때문이다.

노력하면 바뀐다는 믿음이 삶에 대한 도전과 태도를 바꾼다. 성격도 마찬가지다. 당신에게 주어진 타고난 성격이 있다고 믿는 순간 그 성격을 벗어날 수 없을 테지만, 사람의 성격과 성향은 자신이 어떤 처지냐에 따라 천차만별로 달라질 수 있다고 믿으면 이를 바꾸거나 유지하기 위해 노력을 기울이는 것이다.

권력이 없을 때는 쥐죽은 듯 너무도 조용히 지내던 이가 완장을 차는 순간 완전히 딴사람이 되어 권력을 휘두르는 모습을 본 적 있을 것이다. 이와 같다. 한 사람의 성격조차도 한 가지로 고정되어 불변인 것은 아니다.

자신에 대해 어떤 믿음을 갖고 있고, 어떤 노력을 하느냐에 따라 당신의 모든 것이 달라진다. 당신에 대한 어떤 규정도, 꼬리표도 거부하라. 스스로에게 족쇄만 채우지 않는다면 무엇이든 가능한 무한대의 삶을 살 수 있다.

이기적 본능 4:
나는 나, 너는 너

우리는 조금이라도 탁월하고, 부러운 성취를 이룬 사람을 보면 그처럼 되고 싶다고 생각한다. 언론, 각종 SNS를 통해 다른 사람의 삶을 노골적으로 들여다볼 수 있는 시대 분위기가 한몫하고 있다.

물질을 숭상하는 시대 분위기 속에 남들이 부러워하는 것들을 가진 사람들은 그것을 자신의 홍보 수단으로, 자랑을 위한 도구로 활용한다. 하지만 그 화려하고 다 가진 것처럼 꾸며놓은 겉모습 안의 적나라한 진짜 모습을 꿰뚫을 수 있는 사람은 많지 않다.

SNS와 언론은 대부분 꾸며지고 각색된 모습이지, 있는 그대로의 현실은 아니다. 진짜 내면이 튼실하고 삶이 충만한 사람은 그렇게 밖으로 보이는 것에 크게 신경을 쓰지 않는다. 내면이 튼실한 사람은 자신이 가지고 있는 것을 기를 쓰고 내보일 필요도 없고, 자신의 회사가 얼마나 크고 잘나가는지, 자신의 배우자가 얼마나 대단한 사람인지, 자신이 얼마나 좋은 대학을 나왔는지, 자신의 자녀가 얼마나 훌륭한지 등에 크게 의미를 부여하지도 않고, 떠벌리지도 않는다. 그 모든 게 다 비본질적이고 덧없는 것임을 알기 때문이다.

반대로 내면이 부실하고 불안한 사람들은 기를 쓰고 자신과 주변의 것들을 드러내고 자랑하려 애쓴다. 없는 걸 있는 것처럼, 약한 걸 강한 것처럼, 안좋은 걸 좋은 것처럼 포장한다. 이처럼 자신이, 자신의 가족이,

자신의 회사가 혹은 자신의 사업체가 얼마나 대단한지 굳이 애써 떠들어대는 사람은 실제로는 속이 알차지 못하고, 무언가 불안하고, 무언가 숨기고 싶은 것이 있을 확률이 매우 높다.

그런데 많은 사람이 내면의 진실과 본질을 보지 못하고 겉으로 드러나는 외양만을 보고 판단하여 그들을 부러워하고 심하게는 숭배한다. 자신의 내면이 탄탄한 사람은 쉽게 남을 부러워하지 않을뿐더러 어떤 사람을 숭배하는 일 따위는 하지 않는다.

누구나 자신만의 개성이 있다. 당신 또한 누구도 갖지 못한 당신만의 개성이 있을 것이다. 그런데 어느 누가 어떤 이유로 당신에게 그 개성을 표현하지 못하게 한다면 당신은 어떤 기분에 빠질까? 당신은 그 자체로 삶이 답답해질 것이다. 신이 안 날 것이다.

당신의 천재적 이기성은 외치고 있다. 다른 누군가가 아니라 나는 나 자신이고 싶다고, 나 자신만의 개성을 마음껏 발휘하며 나로 살고 싶다고! 이제는 내가 아닌 삶에서 벗어나 내가 온전히 나로 사는 삶으로 옮겨가야 한다. 남의 의견보다 나의 의견이 무엇인지에 더 귀를 기울이고 신뢰하는 법을 익혀야 한다. 그런 습관이 없는 사람에게 이것은 매우 두렵고 어려운 일이 될 테지만 작은 것부터 연습하고 익혀야 한다.

식당에서 남이 뭘 먹는지보다 내가 먹고 싶은 것을 시키고, 내가 입고 싶

은 옷이 있다면 누가 뭐라든 입는 것이고, 심사숙고 후에 내가 옳다고 생각하는 일은 하는 것이다. 그런 과정에서 선택에 대한 후회도 있을 수 있고, 손해를 감수해야 할 상황도 생길 것이다. 하지만 그런 것이 두려워 계속 남들 의견에 귀를 더 기울이고, 남의 시선을 더 중시한다면 그것은 진정한 자신의 삶이 될 수 없다. 나 자신의 내부 신호를 존중하고 신뢰하지 못한다면

남의 기준과 계획에 따른 삶이 될 것이기 때문이다.

세상 누구나 그들 스스로를 위해 살아가지, 당신을 위해 계획을 세우지도 않고 당신을 위해 살아가지도 않는다. 여기서 중요한 인생의 진리가

나온다. 당신 삶은 당신 스스로가 가장 소중히 여겨야 한다는 것이다. 따라서 당신 삶은 당신 스스로가 선택하고 책임져야 가장 좋은 결과를 맞이할 수 있다.

이제 당신의 천재적 이기성에 따라 자신의 목소리에 먼저 귀를 기울이고, 신뢰하길 시작해야 한다.

'나는 나고, 당신은 당신이다'라는 강한 자존의식과 내 삶은 내가 책임진다는 강한 책임감이 필요하다. 누구처럼 되고 싶어 하기에 앞서, 자신의 모든 걸 기꺼이 인정하고 받아들이는 것을 먼저 배워야 한다. 그다음 자신이 가진 것, 자신에게 주어진 것을 어떻게 활용하고 고쳐나갈지에 집중해야 한다. 인생사 그 무엇도 자신이 어떻게 받아들이고 해석하느냐에 달렸다. 시선을 어디에 두느냐가 중요하다는 말이다.

철강왕 앤드류 카네기는 어린 시절 매우 가난했다. 말 그대로 극빈층 아동이었다. 가난 때문에 학업도 포기해야 했고, 먹고사는 문제로 매일 고

생해야 했다. 하지만 카네기는 삶을 비관하고 포기하고 불평하고 불만해야 할 대상으로 받아들이지 않았다.

카네기에게 가난은 절대 게으르지 말자는 다짐, 남들보다 백 배 천 배 열심히 일하자는 결의를 부추겼다. 그럼으로써 결과적으로 남을 돕고 사회의 모범이 되자는 다짐을 하고 결의를 다져야 하는 이유로 받아들였다. 분명히 다른 누군가에게 가난은 삶을 비관하고 포기하는 이유, 자신의 방탕과 게으름의 핑계가 될 수 있겠지만 카네기에게는 반대의 이유가 되었다. 가난이라는 같은 조건이 누구에게는 분투해야 할 이유가 되고, 누구에게는 삶을 비관하고 포기하는 이유가 되는 것이다.

남들이 단점이라고 부르고, 스스로도 불만이고 약점이라고 여기는 그 무엇이 당신에게도 있을 것이다. 그게 바꿀 수 없는 온전히 당신 것이라면 지금까지와는 다른 시선으로 바라보라. 자기 삶에서 어떤 조건도 남의 의견에 휘둘릴 것 없고, 남들이 그 조건을 비관의 이유로 받아들여도 상관없다. 그는 그다. 당신의 관점과 생각을 토대로 받아들이면 된다. 당신은 당신이다. 다른 사람이 그렇게 한다고 당신도 그래야 할 이유는 어디에도 없다.

이 시대의 세대를 향해 자수성가하기란 불가능하다고들 말한다. 평균

적인 의미에서 우리나라가 고도성장을 할 때보다는 그 가능성이 작아
진 것은 맞지만 불가능하다는 것은 완벽한 거짓이다. 그리고 자수성가
는 우리 세대가 해야 할 게 아니라 내가 하는 것이다. 관점을 정확히 하
고 살아야 한다. 짐 론은 말했다.

"다른 사람이 초라한 삶을 살더라도 당신은 그러지 말라. 다른 사람이 작
은 일에 다투더라도 당신은 그러지 말라. 다른 사람이 작은 상처에 울더
라도 당신은 그러지 말라. 다른 사람이 자기 미래를 남의 손에 맡기더라
도 당신은 그러지 말라."

이기적 본능 5:
나에게는 나만의 생각이 있다

　　　　세상은 늘 묻는다. 이것에 대한 당신의 생각은 무엇이냐고, 이
문제에 대해 당신만이 내놓을 수 있는 답이 무엇이냐고. 그런데 대부분
의 사람은 자신의 생각이 없다. 그냥 모범 답안만 읊조린다. 그저 남들
이 많이 하는 것, 남들이 좋다고 하는 것을 선택한다. 아니면 유명한 사
람이 하는 것, 권위 있는 자가 추천한 것을 하는 데 익숙하다.

생각할 필요도 없고, 고민할 필요도 없다. 스마트폰 인터넷 검색 한 번
으로 다른 사람들은 어떻게 하는지, 무엇을 결정하는지 너무도 쉽게 알
수 있다. 미디어를 통해 대중이 어떻게 하고 있는지 실시간으로 볼 수 있
다. 그렇게 당신은 스스로 생각해야 할 필요를 느끼지 못하고, 스스로 생
각하길 멈추고 만다.

쉬운 길이 있다. 남들이 하는 일을 하는 것. 남들이 좋다고 하는 일을 하
는 것. 남들이 우르르 몰려가는 곳에 자신도 묻어가는 것. 실패해도 남
에게 책임을 돌릴 수 있고, 옆을 봤을 때 같이 실패한 사람이 있으니 마
음은 편해진다.

학교에서는 하라는 대로만 하면 모범생이 되고 좋은 대학을 갈진 모르
겠다. 하지만 좋은 대학 간 이후에 그 허울 좋은 명문대생은 그때도 남
들이 좋다고 하는 분야를 공부하고, 남들이 좋다고 하는 곳에 원서를 넣
는 대세를 따르는 사람이 된다. 자율성이나 자신만의 생각이 없는 시류

형 인물이 되어 그저 그렇게 살아가는 것이다.

하지만 사회는 다르다. 냉철하게 묻는다. "당신만이 줄 수 있는 가치는 무엇이냐"고 말이다. 조직에서 높은 성과를 내는 사람들을 한번 살펴보라. 그들은 남들이 하는 대로 하거나, 상사가 시키는 일만 하거나, 전임자들이 하던 매뉴얼대로 업무를 하지 않는다. 그들은 찬찬히 업무를 살펴보고, 다양한 프로젝트에 도전하고, 업의 본질을 꿰뚫고, 자기 생각과 의견으로 아이디어를 내고 실행하여 높은 성과를 낸다.

당신이 알고 있는, 부러워 마지않는 소위 사회적으로 성공했다는 사람들을 살펴보라. 그들은 남들이 왼쪽으로 갈 때, 오른쪽으로 갔다. 그들은 남들이 검증되지 않았다고, 너무 위험하다고 할 때 그곳에 투자했다. 세상을 바꾸는 사람들은 남들이 당연하다고 여기는 것들을 당연하다고 여기지 않고, 의문을 제시하여 세상을 바꾼다. 당신이 그렇게 벌고 싶은 돈도 자기 생각이 없으면 벌기가 매우 힘들다. 험프리 닐은 말했다.

"다수가 성공하는 경우란 없다. 모든 사람이 똑같이 생각한다면 틀렸을 가능성이 크다. 군중이 가는 길과 다르게 가야 한다."

주식 투자를 하건 부동산 투자를 하건, 투자는 자신이 산 것보다 비싸게 팔아야 돈을 버는 게임이다. 이 말은 남들이 관심 없어 하고, 남들이 뭐

그런 이상한 걸 하냐고 할 때 해서, 남들이 그거 좋다더라 하고 관심을 갖고 들어올 때 빠져나와야 한다는 뜻이다.

남과 다른 자신만의 확고한 생각을 갖고 남이 뭐라고 하든 관계없이 할 수 있어야 하는 것이다. 남과 다르게 생각하고 남과 다른 시선으로 보고 남과 다르게 행해야 돈도 벌 수 있다.

돈을 버는 사람은 군중의 대세를 따르지 않는 특이한 인물이다. 대세를 따르고 군중을 따를 때 '내가 바라는 건 이게 아닌데, 하고 싶은 건 이게 아닌데' 하는 내면의 외침을 들었다면 그것은 당신의 천재적 이기성이 내지르는 소리다.

당신은 온전히 당신 자신의 목소리를 내고 당신의 생각대로 살고 싶은 것이고, 자신만의 별을 따라가고 싶은 것이다. 그게 올바른 삶이라는 것을 당신의 천재적 이기성은 알고 있는 것이다.

자신만의 별을 따라가는 것이 인생의 정답이듯, 당신은 스스로의 생각에 귀 기울이고 따를 용기를 가져야 한다. 다른 사람이 뭐라 하든 내가 동경하고 바라는 별을 따라가야 한다. 심사숙고 끝에 내가 가려는 길이 나 자신의 별을 따라가는 길이라면 서슴지 말고 그 결정을 따라야 한다. 정답은 없지만 그 길이 정의로운 길이고 올바른 길이니까.

내가 생각하고 내가 결정하고 내가 책임진다. 그것이 천재적 이기
성이 하는 소리이고, 그 길이 당신의 길이다.

세상에서 당신의 가치는 자신만이 가지는 독창적인 생각에 있다는 것
을 잊지 말라. 세상은 당신에게 왜 당신이어야 하는지, 당신만이 줄 수
있는 것이 무엇인지를 묻고 그 희소성에 따라 보상을 준다. 당신의 생각
과 아이디어가 독창적이고 희소할수록 당신의 가치는 높아지고, 세상
은 당신을 귀하게 여길 것이다.

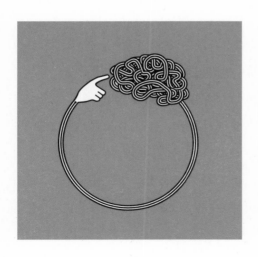

Think different!

천재적 이기성은 남들과 같아지지 말라고, 언제나 자신만의 생각과 독창성을 가지라고 말한다. 당신 안에 있는 천재적 이기성의 외침을 무시하지 말라.

이기적 본능 6:
나는 내 삶의 목적대로 산다

OECD 국가에서 대한민국 자살률은 상위권에 속한 지 오래다. 자살의 이유로는 실직, 학업, 우울증 등 여러 가지를 꼽을 수 있겠다. 우리는 그 안을 자세히 들여다보고 본질적 이유를 살펴봐야 한다.

그 핵심은 '삶의 목적의 부재', '살아야 할 이유의 부재'일 것이다. 아무리 외부적인 것들(돈, 명예, 권력 등)을 갖추어도 삶의 목적의식이 없다면 겉으로는 화려해 보일지 몰라도 그 내면은 틀림없이 공허할 것이다.

남들의 것을 아무리 추구해도 내면은 불안, 초조, 우울, 쓸쓸함 등을 겪게 되는데 이것은 천재적 이기성이 작동해서다. 천재적 이기성은 남의 것을 추구하지 말라고, 다른 누군가의 몫을 흉내 내지 말고 나 자신의 것을 추구하라고 요구한다.

당신 삶의 목적은 당신 내부로부터만 나올 수 있다. 어떤 사람은 운동을 통해서, 어떤 사람은 노래를 통해서, 어떤 사람은 글을 통해서, 어떤 사람은 웅변을 통해서 말이다.

아우슈비츠에서 살아남은 유대인 정신의학자 빅터 프랭클은 수용소에서의 삶을 《죽음의 수용소》라는 책으로 펴냈다.

그가 수용소 시절을 살펴본 결과 아우슈비츠의 극한 환경 속에서 살아남은 사람은 몸이 건강한 사람도, 똑똑한 사람도 아니었다.

"왜 살아야 하는지 아는 사람은 그 어떤 상황도 견딜 수 있다."

철학자 니체의 말처럼 살아남은 사람은 바로 '자신이 살아야 할 명확한 이유가 있는 사람'이었다.

자신의 삶에 더 이상 이루어야 할 아무런 목적도, 목표도, 의미도 없는 사람은 곧 인간적인 존엄을 포기했고, 자포자기했으며, 곧 파멸했다. 빅터 프랭클이 아무리 충고를 하고 설득해도 삶의 목적과 의미가 없는 사람들의 대답은 이런 것이었다.

"나는 내 인생에서 더 이상 기대할 것도 없고 살아야 할 이유가 없어요."

자신의 삶에 대해서 더 이상 기대할 것이 없고, 왜 살아남아야 하는지의 이유가 없는 자에게는 어떠한 조건이 충족되더라도 헛일이다.

즉, 다른 모든 것에 앞서 해야 할 게 바로 자신의 '삶의 목적'을 정리하는 일이다. 삶의 목적은 그냥 살아간다고 생기고 정리되는 것이 아니다. 그런 우연에 맡기기엔 삶의 목적이 당신 삶에 미치는 영향은 가히 절대적이다.

하버드대학교 경영대학원의 석좌교수이자 '혁신이론' 창시자인 클레이튼 M. 크리스텐슨은 공저 《당신의 인생을 어떻게 평가할 것인가》에서 삶의 목적에 대한 중요성을 설파했다.

'가치 있는 목적이 불현듯 생기는 법은 드물다. 이 세상은 목적을 운명에 맡겨두기에는 너무나 많은 신기루와 역설과 불확실성으로 둘러싸여 있다. 목적은 의도적으로 고안되고 선택된 다음 추구되어야 한다. 당신의 삶의 목적을 운에 맡기기에는 그 목적이 우리 인생에서 정말 중요하다. 따라서 의도적으로 고려, 선택, 관리되어야 한다.'

이 세상에 자신에게 값어치 있고 충만한 삶의 목적을 주는 것이 얼마나 될까? 당신 앞에서 처리해달라고, 관심을 가져달라고 아우성치는 일들 중 시간이 지나 '정말 중요한 일이었다'라고 평가할 일이 과연 얼마나 될 것 같은가? 오히려 '그거 그렇게 중요하지도 않은 일이었는데 괜히 마음 졸이고 안달복달 아우성쳤네' 할 일이 많을 것이다.

삶을 돌아보면 답은 쉽게 나온다. 당시에 안달복달했던 일 중 정말 그럴 가치가 있는 일은 그리 많지 않다.

삶의 목적은 모든 걸 제치고 당신 삶에서 가장 중요한 것이 되어야 한다. 크리스텐슨의 조언처럼 다른 무엇보다 자기 삶의 목적을 알아내고 정하기 위해 강도 높은 집중을 해야 한다. **삶의 목적은 누가 찾아줄 수 있는 것이 아니기에 스스로 해야만 한다.** 조용히 자신만의 시간을 갖고 믿음을 가지고 근본적인 질문과 생각을 해야 한다.

'나는 왜 이 세상에 왔는가? 나의 절대자는 왜 나를 세상에 보내셨는가? 나는 왜 사는가? 나는 누구인가? 나는 어떨 때 기분이 충만하고 행복감을 느끼는가? 내 골수에 박힌 본질적인 나는 어떤 사람인가? 지금까지 살아온 것처럼 살아도 되는가? 내가 살고 싶은 삶은 어떤 삶인가? 어차피 한 번 왔다 가는 인생인데 확실히 잘하는 것 하나는 가져야 하지 않겠는가? 나라는 존재가 이 세상에 어떤 변화를 만들어내야 하는가?'

명상도 좋고, 기도도 좋고, 묵상도 좋고, 삼배도 좋고 다 좋다. 삶의 목적을 정리할 때 주의할 점은 그것은 온전히 자기 자신에게서 나와야 한다는 것이다.

그 말은 남들이 어떻게 보든 개의치 않는다는 뜻이다. 남들 신경 쓰지 않고 당신에게 중요하다고 느껴지고, 일생을 통해 추구할 가치가 있다고 여겨진다면 그걸로 된 것이다.

자신이 아닌 다른 누군가의 목적을 따라 살기에는 주어진 삶이 너무 소중하고 짧다. 내가 나의 선택에 따라 살다가 실패하거나 고난을 겪어도 '난 내 삶을 내가 선택했다'는 자기만족과 더불어 "왠지 모를 충만함을 가질 수 있으니 괜찮다"라고 말할 용기와 배짱이 있어야 한다. 당신이 무엇을 위해 살아야 하고, 왜 살아야 하는지 삶의 목적이 세워졌다면 그게 당신의 전체 삶을 이끌 것이다.

크리스텐슨은 삶의 목적을 찾기 위해 매일 저녁 11시부터 자정까지 퀸스칼리지의 추운 기숙사에서 히터 옆 의자에 자리를 잡고, 성경을 읽고 기도하며 성찰의 시간을 가졌다. 성경 내용을 읽고 곱씹고 자신의 인생을 숙고하고 묵상하며 무릎 꿇어 기도하고 질문하기를 꼬박 몇 년. 그런 과정을 통해 그의 삶의 목적은 세 가지로 정리됐다.

★ 타인이 삶의 수준을 높일 수 있도록 돕는 데 헌신하는 사람

★ 친절하고 정직하고 용서를 베풀고 이기적이지 않은 남편이자 아버지이자 친구

★ 하나님의 존재 가치와 하나님의 실체를 믿는 사람

물론 이건 크리스텐슨의 목적이니, 참고만 하자. 중요한 것은 내면에서 꿈틀대는 천재적 이기성의 목소리에 따라 삶의 목적을 찾아야 한다는 점이다.

그렇게 정리한 삶의 목적이 당신의 삶을 이끌게 하라. 불안, 공허함, 우울증 따윈 딴 나라 이야기가 될 것이고, 그 목적에 맞게 살 때 매일 충만해질 것이다. 만사 제치고 가장 먼저 해야 할 중요한 일이었음을 훗날 알게 될 것이다.

Chapter 2

천재적 아이디어를 말살하는

사회에 대항하라

사사건건 당신을 가로막는
'착한 사람 콤플렉스'

착한사람을 싫어하는 사람이 있을까? 누군가를 "그 사람 참 착해"라고 소개하면 누구나 그 사람에게 좋은 호감을 갖는다. 사실 착한 사람이 되어야 한다는 강박관념은 어린 시절, 가정에서 말귀를 알아듣기 전부터 자연스럽게 형성된다. 대부분이 "착한 아이가 되어야 한다" 혹은 "착한 아이가 사랑을 받는 거야"라는 말을 반복적으로 듣고 자란다. 사탕을 친구에게 양보하면 착하다고 칭찬받았고, TV 채널을 친구가 보고 싶은 것으로 양보해도 착하다고 칭찬받았다.

어린 시절 가족 안에서 생존하기 위해 각자의 역할이 암묵적으로 주어지고, 사랑받고 인정받기 위해 주어진 역할에 최선을 다하고 끼워 맞추다 보니 스스로 독립적인 사고와 판단을 못하고 의존적이고 휘둘리는 삶을 살게 되었다. 이는 사랑받고 싶은 본능적 욕구가 강한 모든 아이에게 착한 사람이 되어야 사랑받을 수 있다는 믿음을 뿌리 내리게 했다. 타인의 기대에 어긋날 경우 관심과 사랑을 받지 못하리라는 두려움으로 자신의 욕구와 바람을 억누르고 타인에게 맞추기만 하는 사람이 되는 것이다.

이로써 자연스럽게 형성된 '착한 아이 증후군'은 성인이 되어서 '착한 사람 콤플렉스'로 진화한다. 이 착한 사람 콤플렉스는 이미 사회 문제로 번졌다. 공신력 있는 정신과 의사들이 상담자 중 가장 많은 유형이 바로 '착한 사람'이라고 밝혔음이다.

YTN사이언스가 직장인 800명을 조사한 결과 67.3%가 착한 사람 콤플렉스로 나타났다. 착한 사람 콤플렉스의 원인으로는 거절 못 하는 성격이 39.8%로 가장 많았고 그다음으로 직접 하는 게 편해서가 19%, 관계를 위해서가 9.8%, 복잡한 게 싫어서가 9.4%, 이미지관리가 8.9%, 그리고 기타 답변이 13.3%였다.

배려하고, 양보하고, 선하게 굴고, 남에게 싫은 소리도 잘 안 하며 사는데 왜 정작 치료가 필요한 사람이 되어 정신과에 가는 걸까? 남에게 상처를 주지 않기 위해 늘 남을 염두에 두고, 남을 편하고 좋게 하려고 자신을 희생하며 배려하는데 거기에 정작 중요한 '나'는 없다.

타인의 시선으로 자신을 판단하고 자신보다 가족을 더 사랑하고, 가족을 지키기 위해 정신병에 걸릴 지경으로 자신을 소모한 것이다. 그들은 자신의 욕망보다 타인의 욕망에 맞추어 살아온 것이다.

본인은 좋은 의도로 착하게(?) 살아왔지만 그 결과는 무엇인가? 정신병에 걸려 치료가 필요한 정신질환 환자가 된 것. 자신의 희생(?)과 노력을 기억하지 못하고 고마워하지 않는 타인들. 타인을 배려하고 상처 주지 않기 위해 그토록 노력한 결과는 의견과 주장이 강한 사람에게 늘 밀린다. 자신의 욕망보다 타인의 욕망을 우선시하여 자신의 욕망을 억누른 결과 늘 상대의 눈치를 보며 진정한 대등의 관계를 이루지 못하고 관계에 늘 어려움을 겪는다.

남을 배려한답시고 남의 의견을 뭐든 받아들인 결과, 허수아비가 되어 있어도 그만 없어도 그만인 존재감 없는 사람이 되었다. 이래도 "허", 저래도 "허" 하며 산 결과 자기 이익을 추구하는 세상 사람들에게 더 빼앗길 것이 없을 때까지 쥐어짜일 뿐이다.

상대에게 선의를 베푼 만큼 상대도 알아주면 좋은데 현실은 그렇지 않다. 대개 희생하던 사람은 더 큰 희생을 은근히 요구받고, 손해 보는 게 익숙한 사람은 매번 손해를 본다. 선한 의도가 늘 선한 결과를 낳는 것은 아니다. '지옥으로 가는 길은 선한 의도로 포장되어 있다'는 영국 속담도 있다.

당신의 천재적 이기성은 당신을 세상의 중심에 당당히 세우라고 말한다. 더 이상 망가지기 전에 당신의 천재적 이기성에 따라 과감하게 "NO!"라고 말해야 한다. "미안하지만 그건 안 될 것 같다", "그건 하고 싶지 않다"라고 말이다.

이제 더 이상 당신의 천재적 이기성을 억눌러서 정신과에 가지 말자. 스스로 독립적인 판단을 하고 남에게 휘둘리는 삶을 멈추자. 가장 먼저 착

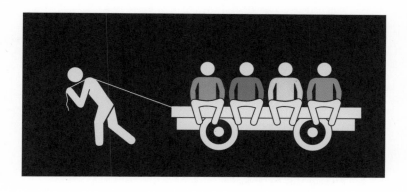

하다는 개념부터 재조명하는 일부터 시작해야 한다.

황상민 심리학 교수가 저서 《독립연습》에서 말한, 착하다는 정의를 참고해보자.

- -

"남이 해달라는 것을 척척 잘 해줘야 착한 삶일까? 착하게 산다는 것은 다른 사람의 요구를 잘 들어주는 게 아니다. 대인관계가 도를 닦는 일도 아닌데 그건 지나친 생각이다. 제 몫의 일을 해내면서 남에게 폐를 끼치지 않으면 그게 바로 착하게 사는 거다."

- -

정신적으로 온전하고 건강한 사람들은 각자의 인생이 있고, 각자의 인생은 각자가 선택하고 책임지는 것임을, 누구나 나름의 인생의 짐이 있고 그걸 감내하는 것이 삶임을 쿨하게 인정하고 살아간다.

이제 그동안의 잘못된 정의의 '착한 사람'이 되려던 헛된 노력에서 벗어나 천재적 이기성의 외침인 '온전한 나'로의 전환이 필요하다. 주위 사람들로부터의 정서적 압력에 굴하지 않고, 독립적이고, 융통성 있고, 일관성 있는 '온전한 나'로 전환하자.

자신을 독립성·자율성을 지닌, 다른 이들과 마찬가지로 마땅히 존중받아야 할 사람임을 잊지 말아야 한다. 이제 타인과의 갈등 상황에서 덮어놓고 양보하거나 사과하지 말고 자신의 모든 것을 걸고 자신의 의견을 주장해야 한다.

누구나 자기 욕구를 우선시하고 주장할 권리가 있듯이, 자신에게도 그 권리가 있음을 기억하자. 이제 잘못된 착한 사람 콤플렉스에서 벗어나야 한다. 그것은 자신에게도 타인에게도 하등 도움 되지 않는 오류의 감정일 뿐이다.

자신을 낮추어 보고, 존중하지 않고, 희생만 했다면 이제 당신을 먼저 보듬고 추스를 때다. 때때로 자신이 허술하고, 실수하고, 부족하고, 착하지 않더라도 자신을 받아들이고, 용서하고, 화해할 수 있어야 한다. 그렇게 **자신을 온전히 받아들이고 인정하고 사랑해야 한다.**

내가 원하는 게 무엇인지, 내가 어떤 사람인지 먼저 생각하기보다 타인이 원하는 것을 우선시하고, 타인이 날 어떻게 생각하는지를 더 중시하는 삶에서 행복이란 없다. 착한 사람 콤플렉스는 자신의 행복에도, 타인의 행복에도 전혀 도움 되지 않는다.

심리학자 칼 융의 말처럼 외쳐보자. "나는 착한 사람보다 온전한 사람이
되고 싶다!"라고.

패자들의 물귀신 작전, '너도 내려와'

'사촌이 땅을 사면 배가 아프다.'

참 인간적이지도, 아름답지도 않은 속담이다. 하지만 상당 부분 인생의 진실을 담고 있다.

사촌이 땅을 사거나 알고 지내던 친구가 고공행진을 한다는 소식을 들었다면 어떤 기분이 드는가? 대부분이 겉으로는 축하한다는 말을 건네고 함께 기뻐한다. 그런데 마음속 진심도 과연 그런가? 혹시 패배감과 함께 자격지심이라는 불편한 감정이 올라오지 않던가? 이게 진심일 것이다.

우리는 세상을 있는 그대로 볼 수 있어야 한다. 자신이 바라는 대로 혹은 보고 싶은 대로 본다면 세상살이에서 백전백패할 것이다. 세상에는 정말 다양한 사람이 존재하고, 그중에는 사악한 의도를 가진 사람도 많기 때문이다.

이탈리아의 냉혹한 현실주의 사상가 니콜 마키아벨리는 현실을 똑바로 보지 못하는 사람은 파멸할 것이라고 말했다.

"어떻게 살 것인가만 논하고 현실을 직시하지 않는 자는 새로 무엇을 얻는 것은 고사하고 자신이 가진 것도 보전치 못할 것이다."

마키아벨리는 당위성, 즉 마땅히 그래야 한다는 관점만을 논하고 실제

사람들이 어떻게 행동하는지를 직시하지 않으면 무언가를 얻기는커녕 목숨조차 제대로 보전치 못할 것이라 단언한다.

세상에는 성공적이고 멋지게 삶을 살아가는 사람보다 실패하고 그다지 멋지지 않게 살아가는 사람이 다수다. 그렇게 절대다수의 사람은 남이 잘되길 바라지 않고, 남이 잘됐다는 이야기를 듣고 싶어 하지 않는다. 그들은 당신이 그냥 그 자리에 같이 있길 바라고, 당신이 조금이라도 앞서려고 하면 불안하고 초조해서 끌어내리려고 아우성친다. 당신이 올라간다는 것은 그들이 낮아진다는 뜻이기 때문이다. 그들은 그 상황을 견디지 못한다. 모함해서라도 당신을 끌어내리려 하는데, 이것이 현실 세계다.

그들은 당신을 끌어내릴 때 자신의 속마음을 솔직히 이야기하지 않는다. 오히려 당신을 위한다는 명목으로 그 짓을 하며 자신의 속마음을 꽁꽁 숨긴다.

"너무 욕심부리지 마. 그냥 그대로 있어. 네 분수를 알아야지. 그렇게 한다고 네가 잘될 거 같아? 꿈 깨. 소란 피우지 마. 그러다 한 방에 훅 간다. 지금이라도 포기해. 모난 돌이 정 맞는 거야. 네 생각해서 말해주는 건데 말이야. 호사다마라고 알지? 좋은 일 뒤엔 나쁜 일이 따르는 법이야.

우쭐대지 말라고."

그들은 당신이 성공하고 잘될까 봐 노심초사하고 열심히 당신의 성공을 방해한다. 그들의 진심은 시샘, 질투, 비열함으로 가득하다.

그들은 현실에 불만이 가득하다. 그런데 변화를 위한 용기도 없고 노력도 하지 않는다. 스스로 노력해서 무언가 소중하고 가치 있는 것을 성취해낸 적이 없다. 그럼에도 그들은 혼자만 도태되는 것을 싫어하고 남들도 꼭 그냥 그 자리에 있기를 바란다. 그래야 자신도 편하기 때문이다. 마치 물에 빠져 죽은 뒤 물속에서 다른 사람을 잡아당겨 익사시키는 물귀신처럼 패자들은 당신을 패자의 자리로 잡아당기려고 애쓴다. 세상은 이런 사람들로 우글거린다는 사실을 직시해야 한다.

이를 직시했다면 당신이 해야 할 일은 무엇일까? 그들을 바꾸는 것이 아니다. 우리는 '너는 네 삶을 살고 타인은 그만의 삶을 살게 놔둬라'라는 격언에 따라 살아야 한다.

의협심에 그들을 바꾸겠다고 의지를 다지는 건 불을 보고 왜 그렇게 뜨겁냐고 분개하고 화를 내는 것과 같다. 불은 그 자체로 당연히 뜨겁다. 불의 본질적 속성이다. 뜨거워서 불이다. 뜨겁지 않으면 불이 아니다.

그런데 그런 불을 보고 뜨겁다 분개한다면 누가 잘못된 것이고 바보인 걸까? 불은 그냥 활활 타게 놔두면 된다. 불은 활활 타다가 연료가 떨어지면 알아서 꺼진다.

마찬가지로 그들을 바꾸려고 하지 말고, 그저 무시하고 갈 길 가면 되는 것이다. 그들도 변하고 싶지만 실패의 두려움이 너무 커서 한 발짝도 움직이지 못하는 것임을 잊으면 안 된다.

그들은 당신이 잘되면 태도를 바꿔서 다가올 것이다. "어떻게 그렇게 성공했냐? 방법을 가르쳐줘", "나는 처음부터 네가 그렇게 잘될 줄 알았다" 하고 떠들어댈 것이다. 그때, 그들에게 멋지게 조언해주면서 완벽히 승리감을 맛보자.

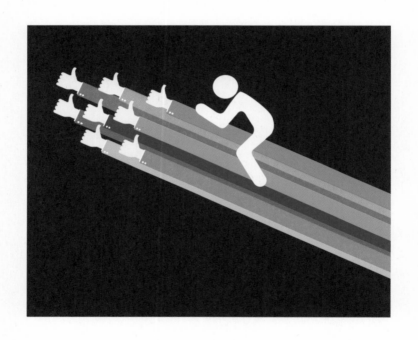

'짜인 각본'에서 벗어나면
죽음뿐이라고?

'당신은 진정으로 당신의 삶을 주체적으로 이끌고 있는가? 진정 당신이 원하는 대로의 삶을 살아가고 있는가?'

이 질문에 당당하게 "그렇다"라고 답할 사람이 얼마나 있을까? 대부분이 누구나 대학을 가니까 가고, 전공을 선택할 때도 점수와 취업이 잘되는 과를 선택하고, 연봉 높고 복지 좋은 대기업에 취업하려 하고, 안정적인 공무원 시험을 준비하려 한다. 남들이 좋다고 하니까, 다들 그게 좋다고 하니까 아무런 의심 없이 휩쓸린다.

그렇게 살아야만 한다고 정해진 방식도 아니고, 법으로 정해져 있는 것도 아니고, 그게 자신에게 진짜 좋은 게 아닐 수도 있는데 말이다. 그저 암묵적으로 정해진 인생 수칙인 양 그것을 아무런 의심 없이 따른다. 그저 남들이 다 가는 길이고, 옆을 보았을 때 다 같이 있다는 안도감을 느낀다는 이유로 말이다.

그 무리에서 멀어지면 실패자, 낙오자가 될 것 같은 불안감이 나와 가족들을 옭아맨다. 그 상황이 감당할 수 없는 두려움으로 다가온다. 그 길을 밟아 갔을 때 과연 진정으로 자신이 원하는 길에 도달할 것인지에 대한 깊은 성찰도 없이 그저 두려움에 발목 잡힌 당신은 당연히 가야 하는 길인 양 그 길을 따른다.

그런데 당신이 당연히 받아들였던 수많은 것이 짜인 각본에 의해 세뇌된 것이라면? 당신은 자본주의에 살고 있다. 자본주의는 이윤추구를 목적으로 하는 자본이 지배하는 경제 체제이다. 이는 결국 먹고사는 문제이다.

우리 인류는 원시 시대 때도 활동을 통해 나름대로 먹고사는 문제를 해결했다. 힘센 남자들이 사냥하고 여자들이나 노인들은 수렵과 채집을 하며 소수의 남자가 사냥할 수 있게 지원했다. 소수가 권력을 가진 것이다. 농경 시대 때는 땅을 가진 소수의 지주가 있고 대다수가 그 땅에서 일하며 먹고살았다. 수확물 대부분은 지주가 가져가고 일한 사람들은 굶어 죽지 않을 정도로만 가져갔다. 산업 시대 때도 소수의 사람이 공장을 가지고  있고 대다수가 거기에서 근로자로 일하고 월급을 받았다.

지금도 소수의 사람이 기업을 차리고 대다수는 고용되어 월급 받으며 일한다. 인류의 먹고사는 문제는 본질적으로 소수가 권력을 갖고 다수는 소수에 종속되어 일하는 방식에 매어 있었다. 모습은 바뀌어왔지만,

본질은 변함이 없는 것이다. 이 먹고사는 시스템은 소수의 부자와 다수의 부자가 아닌 사람으로 구성될 수밖에 없는 것이다.

누군가는 기업을 차리고 누군가는 고용되어 일해야 사회 시스템이 돌아간다. 모두가 창업을 한다고 하면 사회가 어떻게 될지 쉽게 상상할 수 있다. 누군가는 기업에 고용되어 일해야 한다. 그래서 나라는 기업에 혜택을 줘서 기업을 장려한다. 그래야 다수의 일자리가 생기고, 그래야 나라가 돌아가기 때문이다.

법인과 개인의 세율이 다른 것도 이 때문이다. 법인이 2억 원을 벌었다면 10%인 2천만 원이 세금이지만 개인 사업자가 2억 원을 벌었다면 38%인 7천600만 원을 내야 한다. 만약 회사에 높은 세금을 부과하고, 개인에게 적은 세금을 부과하면 누구나 기업을 접고 회사원을 하려 할 것이다. 그러면 기업은 없어지고 일자리 역시 사라질 것이다. 나라가 망하는 것이다. 회사원에게 많은 혜택을 줘서 더 이상 회사생활을 안해도 되게 하면 나라가 안 돌아가는 것이다.

그래서 월급생활을 하는 수많은 사람이 근근이 살아가는 것이다. 이것이 당신이 그토록 세뇌된 '짜인 각본' 중 하나이다.

영화 〈매트릭스〉에서는 가까운 미래에 인간이 기계의 에너지원이 된다. 인간이 배터리처럼 자고 있으면 기계들이 전기에너지를 뽑아 간다. 그 대가로 기계들은 인간들에게 달콤한 꿈을 선물한다. 현실은 갇힌 채 배터리처럼 살고 있지만, 가상의 현실을 꿈꾸게 함으로써 그것을 잊게 한다. 주인공 네오는 선택의 갈림길에서 갈등한다. 파란 알약을 먹고 배터리에 다시 들어가 꿈만 꾸며 삶을 계속 살아가느냐, 아니면 빨간 알약을 먹고 자유롭지만 진실을 깨닫느냐의 갈림길이다.

당신은 힘들고 불편해도 빨간 알약을 삼켜서 진실을 깨달아야 한다. 누구도 당신이 존엄하고 자유로운 삶을 살도록 이끌어주고 계획해주지 않는다. 아니, 오히려 세상의 각본은 당신이 그저 복종하고 근근이 살아가도록 짜여 있다. 짜인 각본은 당신을 이렇게 세뇌한다.

"학교에서 선생님 말씀 잘 듣고 공부 열심히 해서 좋은 대학 가라. 그래서 좋은 회사 취직하면 성공하는 것이다."

그런 각본을 따른 사람들을 우리는 주변에서 흔히 볼 수 있다. 하지만 그들은 그다지 만족스러운 삶을 살지 못한다. 그렇게 열심히 공부해서 좋은 대학에 가고, 좋은 직장에 취업하고, 신용카드 쓰고, 할부로 자동차 사고, 대출로 집 사고, 최신 기기들 사고, 저축하고, 위험을 대비해 보험 들고……. 그렇게 규정한 대로 살아가는 사람 대부분이 현실의 삶을 외면

하고 다른 길이 없나 기웃거린다.

당신의 천재적 이기성은 그런 삶을 거부한다. 빨간 알약을 먹고 깨어나서 모두가 가는 길에 합리적 의심을 하고 자신의 삶을 스스로 이끌라 외치고 있다. 짜인 각본을 거부해야 한다. 그 각본은 당신의 인생을 위해 만들어진 각본이 아니다.

지금 길이 나 있는 곳도 처음엔 길이 아니었다. 누군가가 최초로 갔기에 길이 되었듯이 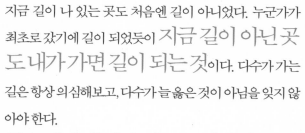도 내가 가면 길이 되는 것이다. 다수가 가는 길은 항상 의심해보고, 다수가 늘 옳은 것이 아님을 잊지 않아야 한다.

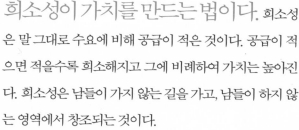 희소성은 말 그대로 수요에 비해 공급이 적은 것이다. 공급이 적으면 적을수록 희소해지고 그에 비례하여 가치는 높아진다. 희소성은 남들이 가지 않는 길을 가고, 남들이 하지 않는 영역에서 창조되는 것이다.

이제 짜인 각본에서 벗어나 당당히 당신의 길을 가라. 남들

이 가지 않는 당신만의 갈 길을 말이다. 남들이 우르르 몰려가는 길을 택하면 길고 긴 인생 전체는 오히려 후회와 불안정으로 가득 찬다. 짜인 각본을 깨닫고 용기 내어 도전하는 자, 실수하여 엎어지면 다시 일어나 나아가는 자, 그런 사람만이 진정한 승리의 삶을 살 수 있다.

확성기를 틀어
불안을 조장하고 과장하는 '언론'

스마트폰을 켠다. 포털사이트 상위의 실시간 검색어를 눌러보고 기사를 본다. 온통 자극적인 제목들로 점철되어 있다. 막상 기사를 클릭해보면 맥이 빠질 정도로 허무한 내용이 대부분이다.

많은 현대인이 눈을 뜨자마자 그리고 온종일 저 행동을 반복한다. 가히 삶이 언론사의 기사와 뉴스에 지배당한다고 볼 수 있다.

주어진 언론 기사를 스스로 깊이 생각하고, 과연 진실인가를 따져보는 사람은 드물다. 언론과 미디어는 존재 목적적으로 사람들의 주목을 끌어야 하기에 작은 사건을 크게 만들고 작은 변화를 과장한다.

기사만 보고 있노라면 당장이라도 하늘을 나는 자동차가 나올 것 같고, 지구상의 모든 일자리가 없어질 것 같고, 당장 통일이 될 것 같고, 금방 달나라에서도 살 수 있을 것 같다. 범죄 기사를 보면 살인이나 사고 당할까 봐 어디 다니기도 겁이 난다.

실제로 천 가지 좋은 일이 일어나고 한 가지 비극적인 일이 일어났더라도 언론과 미디어는 한 가지 비극적인 일을 헤드라인으로 잡고 확성기를 틀어 집중 보도한다.

과연 그게 세상 돌아가는 모습을 있는 그대로 나타내는 것인가? 우리는 집에서도, 식당에서도, 차에서도 뉴스에 사로잡힌다. 다른 어떤 것보다 자신에게 많은 영향력을 미치는데도 그 신뢰성에는 아무런 이의를 제기하지 않는다.

우리는 언론의 실체를 따져봐야 한다. 왜냐하면 신문이나 뉴스에 나왔다고 하면 대부분 거의 절대적인 신빙성을 얻고 그 자체로 엄청난 공신력을 갖게 되기 때문이다. 그런데 당신이 그토록 믿어 의심치 않고 신뢰하는 뉴스 보도들은 알다시피 기자들이 쓴다. 기자들이 다 자신의 업무에 충실하고 훌륭한 취재를 펼칠까? 그렇지 않다.

여기서 내 말을 오해하지 말길 바란다. 세상에 제대로 된 흐름을 제시하고 통찰력 있는 좋은 기사도 분명 많다. 그런 기사들은 세상살이에 도움이 되는 좋은 기사라 할 수 있다.

언론의 가장 중요한 본분이자 본연의 기능은 '보도'다. 사실을 존중하고 최대한 있는 그대로 객관적인 관점으로 전하는 게 언론의 기본이자 최고로 중요한 덕목이다. 그럼에도 지금의 기자들은 놀랍도록 선정적이고 선동적이며 자극적이다. 그리고 지극히 주관적이다.

어떤 사건에 대해 그것이 자신의 추측으로 점철되었음을 교묘히 숨겨서 기사를 쓰고 뉴스를 보도한다. 그도 그럴 것이 언론과 기자들은 최대한 사건을 증폭하여 사람들의 이목을 사로잡아야 하는 집단이기 때문이다. 그래야 언론사로서 가치가 생기기 때문이다.

인터넷 기사를 무작위로 하나 검색해서 들어가보라. 아마 신경을 거슬리게 하고, 귀찮게 하고, 저질 광고들이 껴 있을 것이다. 자극적인 제목을 달아 사람들이 많이 보는 기사들에 광고사들이 돈을 주고 광고를 게재하는 것이다.

돈을 벌기 위해 최대한 자극적이고 과장해서 보도하는 게 언론사와 기자들에게 뿌리 깊게 박혀 있는 중요한 목적 중 하나이다.

이러한 언론계의 생리를 이해했다면 신문이나 뉴스의 기사들을 맹신하지 말고 진실과 사실을 따져봐야 한다. 가장 위험한 것은 이러한 기사들이 한 개인의 생각과 의식을 지배한다는 것이다.

기사들을 무비판적으로 받아들이게 되면 자신의 삶은 그것에 무의식적으로 규정된다. 그렇게 규정되면 천재적 이기성의 발전 가능성은 사그라들고 만다. 기사들을 가려가며 받아들여야 한다. 스스로가 생각할 수 있어야 하고 옥석을 가릴 실력이 있어야 함을 잊지 말아야 한다.

무엇보다 빈번히 자행되는 허무맹랑한 언론의 거짓말들이 당신의 천재적 이기성을 말살하지 못하도록 해야 한다.

거들먹거리는 속 빈 강정
'권위주의자들'

　　　　　인간은 본능적으로 '권위'에 약하고 압도되는 경향이 있다. 권위자들이 의견을 피력하면 마치 자동응답기처럼 순한 양이 되어 아무런 의심 없이 순종하는 것이다.

상징적으로 하얀 가운을 입은 의사가 당신에게 건강에 대한 의견을 피력한다고 생각해보라. 당신은 이미 그 하얀 가운에 압도되어 의사가 전혀 이치에 맞지 않는 말을 해도 그대로 받아들일 것이다. 왜냐하면 의사라는 직함은 의심의 여지 없이 사회적 권위의 상층에 위치하고 있기 때문이다. 하얀 가운을 입은 의사가 처방을 내려주면 그 처방이 맞거나 틀리거나, 혹은 이해되거나 말거나, 의심쩍은 부분이 있거나 말거나 그저 따른다.

하지만 문제는 그들도 사람이고, 실수를 하고, 잘못된 판단을 할 수 있는 존재라는 것이다. 이런 권위에의 맹종이 위험한 점은 그들이 명백히 틀린 결정을 하고 실수했을 때마저도 그것을 무조건적으로 받아들인다는 데 있다.

권위에 압도되어 그 틀린 것을 받아들이면 결과는 빤하다. 잘못된 권위를 가진 자들에 의해 망해왔음은 역사가 잘 말해주고 있다. 제2차 세계대전 때 수많은 유대인을 학살하며 전쟁을 일으켰다가 패전하여 나라를 몰락시킨 히틀러가 그랬고, 그리스를 경제 파

탄으로 몰아넣은 안드레아스 파판드레우가 그랬고, 북한을 최빈국으로 만들어 국민을 굶겨 죽이고 짐승만도 못한 삶으로 이끈 김씨 부자들도 그렇다. 그렇게 권력과 권위를 가진 자들이 그걸 잘못 사용했을 때, 또 그걸 그대로 받아들였을 때의 결과는 상상을 초월하는 비극이 따른다.

권위에의 맹종은 반드시 극복해야 한다. 실상, 사회적 유명인이나 어느 분야에 정통하여 권위를 가진 사람을 맹종하는 경향이 있다. 그가 자신의 분야를 넘어서 무슨 의견을 피력할 때 마치 그게 대항할 수 없는 진리인 것처럼 받아들인다.

분명히 알아야 할 것은, 대다수의 사람은 자신의 전공이 아닌 분야에서는 그저 범인에 불과할 확률이 높다는 점이다. 어느 한 분야에서 성공하여 권위를 갖추면 마치 그 사람이 다른 분야에서도 정통하고 전지전능할 것이라는 착각에 빠진다. 그야말로 한심한 행태다.

예컨대 역사상 최고의 천재로 불리는 아인슈타인조차도 물리학을 벗어난 분야에서는 그저 범인에 불과했다. 그 당시 아인슈타인이 상대성이론으로 권위를 얻자 세상은 그가 사회·경제 문제에서도 획기적인 해결책을 제시할 수 있을 것이라고 생각했다. 하지만 사회·경제 문제에 대해서 아인슈타인은 그저 일반적인 답변밖에 내놓지 못했다. 그가 사회 이슈에 대해 내놓은 발언 중 올바른 것보다 틀린 게 훨씬 많았다. 세기의 천재라는 아인슈타인도 그 정도인 것이다.

우리 사회에서도 기업을 해서 성공한 사람이 정치권에 입문해 해결책을 내놓고 책을 쓴 경우가 있다. 하지만 전체를 보고, 2차·3차 효과를 고려하는 통찰력과 식견이 없는 그저 눈에 보이 것, 바로 효과가 나타나지만 장기적으로 해로운 결과를 내는 정책밖에 생각하지 못하는 것을 보였다.

권위의 실체가 이런데도 여기저기서 권위자들이 지극히도 개인적이고 주관적인 일을 마치 보편적 이론인 양 떠들어댄다. 그것의 해악은 이루 말할 수 없을 만큼 크다.

자신의 주관과 탄탄한 세계관이 형성되지 않았을 때, 자신이 추앙하는 분야에 일가를 이룬 인물이 근거도 없고 이치에도 맞지 않는 말을 할 때 그 말이 한 사람의 인생에 족쇄를 채울 수도 있기 때문이다.

교육 분야에서 사업으로 엄청난 성공을 거둔 사람이 학생들을 상대로 강연을 했다. 그는 학업 능력이나 공부를 잘하고 못하고는 유전자가 모두 결정한다고 이야기했다. 이것은 유튜브에서 꽤 유명한 영상이라 많은 학생이 봤을 것이다. 학생들 눈에 그는 우러러볼 수밖에 없는 사람일 것이다. 화려한 학벌, 사업에서의 엄청난 성공, 교육 분야에 대한 해박한 지식과 엄청난 권위 등 말이다. 그런 대단한(?) 사람이 하는 말이니 그의 견에 대항하거나, 이 점은 맞고 이 점은 틀리다는 자기 생각을 세우기도 매우 힘들 것이다. 결국 수많은 학생이 그 생각(유전자가 모든 것을 결정한다는 믿음)을 받아들일 것이다.

여기서 그 해악이 나오는데, 그의 생각을 받아들인 사람들은 절대 진정으로 노력할 수 없을 것이다.

'어차피 해봤자 유전자로 결정되어 있는데 내가 열심히 한다고 바뀌겠어? 나는 수학을 잘하고 싶지만 우리 집안은 대대로 수학에 재능이 없어. 나도 해봤자 잘할 수 없어. 유전자적으로 그렇게 타고난걸……'

결국 너무나 어이없게 그 학생은 수학을 못하는 사람이 될 것이다. 노력하고 충분히 시간을 들이면 나는 분명히 잘할 수 있다는 믿음을 가진 사람과 해봤자 유전적으로 못하게 타고났으니 어차피 잘할 수 없다는 믿음을 가진 사람과의 차이는 현격할 수밖에 없다. 부정적 믿음을 가진 학생은 권위에 눌려 유전자적 숙명론(유전자가 모든 것을 결정한다는 이론)의 저주를 스스로에게 족쇄처럼 채운 것이다.

그가 학벌이 훌륭하고 사업적으로 큰 성공을 거두었어도 그는 신이 아니다. 그럼에도 그 권위에 압도되어 마치 그가 하는 말을 하느님 말씀처럼 받아들이는 것은 완벽한 오류다.

유전과학자들에 따르면 유전자는 2만~3만 개밖에 되지 않는다. 이만큼으로 미묘하고 복잡하기 짝이 없는 인간 행동의 그 많은 측면이 통제된다고 보기에는 너무 적은 숫자라고 한다. 인간은 환경이 바뀜에 따라 그에 적응하고 알맞은 학습을 하기 위해 유전자적으로 진화를 거듭해왔기에, 유전자가 지능이나 개성에 미치는 영향은 지극히 작다는 것이 유전과학자들의 정설이다.

아무리 대단해 보이고 권위를 가진 사람이라도 그의 생각이나 주장에 대한 근거와 진실을 따져봐야 한다. 자신이 스스로 생각하고 판단할 줄 알아야 한다는 이야기다. 스스로 생각하고 판단하고 주관을 가질 수 없으면 저런 말장난에 놀아나고 휘둘릴 수밖에 없다. 어쩌면 인생 자체를 완전히 엉뚱한 곳에서 헤매다 정말 망할 수도 있다.

한 가지 분야의 권위에 압도되어 그 사람을 신격화하는 사람이 많은데,

그것은 정말 어리석은 일임을 역사와 수많은 사례가 말해준다. 자신의 개성과 스스로 생각할 수 있는 천재적 이기성을 억누르지 말고 유감없이 발휘하라. 그것이 자신을 구하는 현명한 길임을 명심하자.

세상의 변화와 현실로부터 유리된 '공교육'

대한민국 공교육은 어느 정도 수준일까? 다른 나라의 공교육이나 교육 시스템들을 접할 기회가 없는 대다수의 국민은 그 점에 대해 알기가 힘들다. 수준을 가늠할 절대적 기준은 정하기 힘들지만 참고해 볼 방법은 있다. 이른바 엘리트 집안의 부모들이 '자녀들을 어떻게 교육을 시키는가?'이다.

그들의 자녀들은 어떤가? 대부분 해외에 나가서 교육을 받지 않던가? 그들은 왜 대한민국이 아닌, 많은 비용을 감수하면서까지 외국으로 아이들을 내보내는 것일까? 그만큼 대한민국 공교육이 불만족스런 수준이기 때문 아닐까?

드러내놓고 말은 안 하지만 우리나라 공교육은 이미 무너졌다. 영어이건, 수학이건, 학교 공교육 수준과 사교육 수준은 이미 하늘과 땅 차이만큼 벌어졌다. 누구도 학교 수업을 열심히 잘 따라가서 영어를 잘할 수 있을 거라는 기대를 하지 않는다. 학교 영어 시험에서 100점을 받았다고 해서 그 학생이 진정 영어를 잘하는 것이라고는 누구도 생각하지 않고 실제로도 그렇다.

대한민국 공교육의 수준이 낮아진 이유 중 가장 중요한 것은 바로 우리
나라 공교육이 구조적으로 공급자 우위 체계라는 것이다. 교육 재화나
서비스는 궁극적으로 소비자, 즉 학생을 위해서 공급되어야 하는 것이
자유시장경제 시스템의 당연한 구조인데 현재 공교육은 업계에 미리 자
리를 차지한 사람들, 즉 교직 관련 종사자들을 위한 제도라는 것이다.

이런 구조 속에서 소비자를 위한 변화, 혁신 및 경쟁력이 나올 리 만무하
다. 이런 구조에서는 공급자가 일방적인 힘을 갖고 있기 때문에 소비자
를 위해 그렇게 치열하게 노력하고 애쓸 필요가 없다. 그러니 당연히 경
쟁력이 없어지고 수준이 낮아지는 것이다.

거기에 대한민국 교육은 평준화를 좋아한다. 특목고, 자사고, 과학고 같
은 학교들은 위화감을 조성한다는 이유로 계속 폐지되어왔고, 앞으로
완전한 평준화를 목적으로 가고 있다. 여기서도 소위 있는 자, 가진 자
들의 이중성이 나타난다. 특목고 폐지나 영어 몰입식 교육 같은 정책에
반대하는 정치인들의 자녀들을 살펴보면 정작 그 자녀들은 다 특목고
를 나왔고, 유학을 가 있다.

결국 손해보는 것은 일반 서민들인 것이다. 평준화 교육의 폐해는 쉽게
상상해볼 수 있다. 인수분해가 뭔지도 모르는 학생과 미적분의 개념부

터 기하학적 의미까지 잘 이해하고 있는 학생이 같은 교실에서 같은 수준의 수업을 듣는다고 상상해보라. 서로에게 도움이 안 되는 수업임은 물론, 서로 고역일 것이다. 이런 말도 안 되는 작태가 대한민국 공교육의 실상이다.

결국 평준화의 결과는 필연적으로 학생들 수준의 하향 평준화다. 이런 구조 속에서 치열한 경쟁과 혁신이 있는 사교육은 그 수준이 높아지니, 학생들도 사교육과 공교육의 교육 수준 차이를 피부로 느끼면서 공교육을 불신하기에 이르렀다. 그래서 경제는 날로 어려워지는데도 가계 교육비는 줄지 않고 있다. 결과적으로 돈이 있는 사람들이 양질의 사교육을 받고, 경제적으로 어려운 사람들은 공교육을 받으며 차이가 더 커지는 것이다.

이러한 대한민국의 공교육은 구조적으로 잘못되었고 경쟁력은 없고 낡았다. 학교 간 및 교사 간 경쟁의 압력 부족은 교육의 질을 높이려는 유인이 없기 때문이다. 진정으로 학생들의 미래를 치열하게 생각할 필요가 없으니 교육이 낡고 발전은 없는 것이다.

낡은 공교육은 튀고 싶고, 자신의 개성을 발현하고 싶고, 차이를 만들고 싶은 당신의 천재적 이기성을 말살한다. 받아 적기만 하는 사람, 써 있는 그대로만 해석하는 사람, 원리원칙주의자, 시키는 대로만 하는 사람, 정해진 길만 가는 사람, 정해진 답만 외우는 사람, 말 잘 듣고 고분고분한 사람, 정해진 시간에 등하교하고, 튀지 말고 순응하고, 거대 기계의 부품이 되고, 자신을 끼워 맞추고 비위를 맞추는 사람······.

이것이 지금 공교육에서 지향하는 학생상일 것이다. 공장에서는 이런 사람들을 찍어낸다. 문제는 학교에서 이렇게 교육받고 사회에 나왔다는 데서 생긴다. 사회를 이끌고 성공하고 변화를 만들어내는 사람들은 정확히 학교 교육의 반대로 한 사람들이다.

남들이 가지 않은 길을 가고, 누가 시키지 않아도 스스로 생각해서 하고, 정답이 아닌 자신의 열정을 따르고, 독창적인 아이디어를 내고, 타인에게 동기를 부여하고, 무조건 남들과 다른 차이를 만들어

내고, 변화를 사랑하고, 혼돈 속에서도 침착하고, 정답이 없는 것을 인정하며, 자신만의 길을 가고, 규칙이라고 하는 것들을 의심하고, 어떤 일이든 자신만의 독창성을 더하고, 자신의 개성을 드러내고, 기꺼이 실패를 무릅쓰고, 거기서 배우고, 다시 시도하고…….

지금 세상이 원하는 건 이런 사람들이고, 세상은 이런 인물들을 따른다. 천재적 이기성을 갖춘 당신은 공교육이 비효율적이고 낡았음을 인정하고 대책을 세워야 한다. 학교는 자신의 인생을 영위하기 위한 대비를 그렇게 많이 준비시켜주지 못함을 쿨하게 인정하는 것부터 시작하자. 다행히 지금은 IT 시대로 무언가를 배우고 싶다면 얼마든지 적은 비용으로 배울 수 있다. 어떤 학문이건, 이론이건, 분야이건 관계없이 비용 없이 혹은 적은 비용으로 배울 환경이 잘 갖춰져 있다.

가장 일반적이고 효과적인 방법이 독서다. 당신이 어떤 주제에 대해서 관련 분야 책을 50권 정도 읽으면 해당 분야의 웬만한 전공자보다 더 많은 지식을 갖출 수 있다. 한 분야 50권 정도면 준전문가 소리는 들을 수준이 된다.

당신이 배우고 싶은 것은 거의 공짜에 가까운 가격으로 인터넷 강의가 준비되어 있다. 유튜브에도 배우고 싶은 주제의 단어를 쳐보면 관련 콘텐츠가 올라와 있어 그것을 통해 배울 수 있다.

의지만 있다면 하버드대학교 홈페이지에 들어가 하버드 학생들이 받는 교육도 알아볼 수 있다. 자신만 하려고 한다면 무엇이든 배울 수 있는 시대다. 질 낮은 공교육을 아쉬워하기보다는 이렇게 배우기 좋은 환경과 시대에 태어난 것에 감사하고 평생 자신을 스스로 교육시켜 나아가는 사람이 되어보자.

사람들은 당신이 몇십 년 전에 어떤 학교를 나왔는지보다는 지금 당신이 뭘 알고 있고, 뭘 할 수 있고, 뭘 줄 수 있는지를 묻는다. 스스로 하는 평생교육으로 자신의 천재적 이기성을 유감없이 발휘하자.

이제는 배척해야 할
'연공서열'

우리나라의 연공서열 문화는 여러 요인으로 얽힌 만큼 그 뿌리가 매우 깊이 박혀 있다.

대표적 요인 첫 번째는 유교 문화다. 유교는 기본적으로 개인보다 집단을 우선시한다. 그러다 보니 개인의 자율성 및 개성은 집단 및 전체를 위해 희생하고 억압해야 한다. 장유유서라고 해서 아랫사람은 윗사람을 충성과 공경으로 대해야 한다. 문제는 이것들이 맹목적이라는 점이다. '맹목적'이라는 말에는 많은 폐단이 있다. 어떤 일에서건 무엇이 옳은지, 어떤 것이 효율적인지, 무엇이 경쟁력 있는지, 무엇이 진실인지 등은 뒷전이고 누가 나이가 더 많고 경력이 많은가가 더 중요한 단초이다.

대표적 요인 두 번째는 군대 문화이다. 대한민국의 신체 건강한 정상적 남자라면 누구나 국방의 의무를 지닌다. 군대는 기본적으로 상명하복의 엄격한 위계질서로 통제되는 집단이다. 전쟁이라는 엄중한 상황 속에서 일사불란하게 작전을 수행하여 승리해야 하기 때문이다. 이런 수직적 문화가 대학과 기업들에도 스며들어 많은 폐단을 낳고 있다. 정체성을 키워가며 학문에 정진해야 할 대학교에서 선배라는 이름으로 후배에게 행하는 가학적 행태는 이미 사회 문제가 된 지 오래다. 회사에서도 군대식 조직 문화를 이유로 퇴사를 고민하는 이가 여전히 많다.

이처럼 연공서열의 문화와 그 폐단을 우리 사회 곳곳에서 어렵지 않게 발견할 수 있다. 문제는 이러한 문화가 당신의 천재적 이기성을 말살한다는 것이다. 누구나 천재적 이기성을 발휘하여 당당히 개성과 독창성으로 승리하는 삶을 살아야 한다. 그런데 나이와 경력이 모든 것의 기준이 되고 정당화의 이유가 되는 연공서열의 문화는 천재적 이기성을 말살한다.

연공서열이 중시되는 사회에서는 자신의 재능과 능력보다 연줄과 정치에 의존하는 잘못된 문화가 팽배해진다. 업무에 아이디어를 내고 자신의 능력을 발휘하여 성과를 내기보다 윗사람에게 잘 굽신거리고 적당히 비위를 맞추는 것이 조직에서 중요한 보직을 차지하고 승진하는 데 더 높은 점수가 되기 때문이다.

방송 작가이자 저널리스트인 로렌스 피터는 자신의 책 《피터의 원리》에서 연공서열의 폐해를 언급했다.

'위계조직에 속해 있는 많은 사람은 한두 차례 승진하면서 자신의 능력을 발휘한다. 그리고 새 지위에서 능력이 인정되면 또다시 승진하게 된다. 이렇게 따져볼 때 당신과 나를 비롯한 우리 모두에게 마지막 승진은 유능한 단계에서 무능한 단계로 이행하는 것이라 할 수 있다. 그러므로 첫째, 위계조직 안의 모

든 사람은 무능력 수준에 도달할 때까지 승진하려 한다. 둘째,
시간이 지남에 따라 모든 부서는 무능한 사원들로 채워진다.
셋째, 아직 무능력 수준에 도달하지 않은 사람들이 작업을 완
수한다.'

피터의 말처럼 연공서열을 중시하는 사회는 무능력으로 채워지는 경향
이 있다. 나 역시 조직생활을 해본 결과, 조직은 온갖 정치와 불합리와
모순투성이인 면이 있음을 깨달았다.

변화의 흐름 속에 많은 것이 바뀐 것 같지만 현실적으로 여전히 답보하
고 있는 부분이 많다. 하지만 이제 변화하지 않으면 안 되는 상황이 왔
다. 변화해야 한다는 당위의 외침이 아니라, 변화하지 않고서는 생존할
수 없는 상황에 이른 것이다.

지금은 세계가 하나로 통합되는 글로벌 시대이자 전혀 상관없는 분야
가 서로 엮이고 부딪히는 무한 경쟁의 시대이다. 흔한 예로, 닌텐도 게
임의 도약이 나이키 신발 산업에 영향을 미친다. 게임을 하느라 신발을
신고 나가 놀지 않기 때문이다. 이런 무한 경쟁 시대에 어느 기업도 내
일을 기약할 수 없다. 자기 존재 자체도 장담할 수 없는데 구성원의 종
신 고용은 언감생심이다.

현재 스포츠계는 냉혹한 실력주의 시스템으로 구조화되었다. 아무리 경력이 많아도 실력이 뒤져 경쟁력이 떨어지면 퇴출이다. 프로의 세계에서 자비란 없는 것이다. 반대로 실력이 뛰어난 선수는 팀 승리에 기여하는 만큼 엄청난 연봉을 받는 스타가 된다. 이런 일이 비단 스포츠계뿐만 아니라 사회 전반에서 일어날 것이라는 게 많은 미래학자의 공통된 의견이다.

이제 눈치 보며 정치하고 연줄에 투자하기보다는 자신의 본질과 실력에 집중해야 하는 시대로 계속 이어질 것이다. 당신의 천재적 이기성을 말살하는 연공서열의 시대가 저물고 있다. 이제는 생존과 승리에 집중하는 당신의 천재적 이기성을 필요로 하는 시대가 도래했다.

당신의 미래는 몸담고 있는 조직이 아닌, 당신이 책임져야 한다. 그러니 당신의 천재적 이기성에 더욱더 집중하길 바란다. 그 선택이 당신을 승리로 이끌 것이다.

Chapter 3

천재적 아기씨슨으로 하는

싸움의 기술

싸우지 않고 이긴다.
말이 아닌 행동으로

당신 안에 있는 천재적 이기성은 궁극적 승리를 추구한다.
궁극적 승리는 결과적으로 승리하는 것을 뜻한다.
과정에서의 자잘한 승리들이 아닌 결과적으로 승리하는 것 말이다.
승리처럼 보이는 것이 아닌, 거의 승리할 뻔했다가 아닌,
최종적인 승리를 추구한다.
승리의 과정에서 자신이 가진 소중한 것을 잃거나 훼손당하는
허울 좋고 상처뿐인 승리는 패자들의 전유물이다.

현명한 리더란 내가 이끄는 구성원들을
위태롭게 하거나 위기에 빠뜨리지 않는
것이 리더의 가장 중요한 덕목임을 알고
있는 자이다.

그런 리더의 제1 덕목은 내팽개치고
오로지 승리에 집착해 자신과 구성원들을 위험에 빠뜨리거나 상처를 입
힌다면 그것은 진정한 리더의 자격이 없는 자일 것이다.

'백 번 싸워서 백 번 모두 이기는 것은

최상의 용병술이 아니다(百戰百勝 非善之善者也).

적과 싸우지 않고 적의 군대를 굴복시키는 것이 최상의 용병술이다(不

戰而屈人之兵 善之善者也).'

병법에 싸우지 않고 이기는 것이 최선이라고 했다.

싸움이나 전쟁은 이기자고 하는 것이다.

군사학에서 전략이라는 것은

결국 싸움이나 전쟁에서 이기기 위한 방책일 뿐이다.

상대도 나도 모두 망가질 대로 망가진 상태에서의 승리가

무슨 의미가 있는가.

꼭 싸움과 전쟁이 아니라 실생활에서도

말싸움과 논쟁을 일삼는 사람들이 있다.

그는 온갖 고함과 논리로 상대를 밀어붙여

잠깐은 승리한 것처럼 느껴지겠지만

그것은 천재적 이기성이 추구하는 결과적인 승리는 아니다.

그런 과정을 통해

상대방과 주변 사람들은 그에게 반감과 적개심을 갖게 되고

그 감정은 그의 짧디짧은 승리에 비할 수 없을 만큼 오래가기 때문이다.

천재적 이기성을 발휘하는 사람들은

그런 상황 속에서 대개 논쟁하지 않는다.

기본적으로 상대를 논쟁을 통해 진정으로 바꿀 수 없으며,

그 논쟁이 무의미하다는 것을 너무 잘 알기 때문이다.

천재적 이기성은 의미 없는 논쟁을 멈추고 행동으로 보여준다.

천재적 이기성은 자신의 시간과 감정이 소중한 자원임을 안다.

그래서 그 소중한 자원을 낭비하지 않는다.

상대방이 자신의 말에 생각을 바꾸는 경우가 거의 없음을

있는 그대로 받아들인다.

자신이 틀렸음을 명확히 인정하고, 사과하고,

겸허히 이를 받아들여 수정하는 이상적인 사람은

현실 세계에서는 만나보기가 매우 어렵다.

대부분은 어떻게 해서든 자신이 틀렸음을 받아들이지 않고,

고집부리고, 생떼를 쓰고, 자신이 옳다고 믿는다.

설령, 자신이 틀렸음이 명백하더라도 말이다.

논쟁은 승리를 위한 의미 없는 감정 소모임을 알기에

그들은 말이 아닌 행동으로 승리한다.

자신의 전문 분야에 대해서 지식이 미천한 초보자가

잘못된 의견을 개진할 경우

진정한 고수는 그와 논쟁하지 않는다.

그와 논쟁하면 할수록 수준은 그와 같아지는 것이다.

고수는 침묵을 지킨 후 그 전문 지식이 필요한 순간이 왔을 때

멋지게 그 문제를 해결하여 실력으로 그를 입 다물게 만든다.

말이 아닌 행동으로 승리를 가져간다.

수학자이자 천문학자이기도 했던 영국의 위대한 건축가 크리스토퍼 렌은 1688년 웨스트민스터시의 시청 건물을 설계했다. 웨스트민스터 시장은 렌의 설계에 불안하다며 불만을 제기했다. 2층 바닥이 너무 약해서 자신의 방이 있는 1층이 무너지는 것 아니냐며 항의했다. 기둥을 두 개 정도 더 세워서 안정적으로 해달라고 요구했다.

렌은 런던 대화재로 파괴된 세인트 폴 대성당과 51개 교회를 성공적으로 재건한 명성 높은 공학자였다.

그런 그가 볼 때 시장의 걱정은 근거도 없는 기우라는 것을 아주 잘 알았

다. 그런데 그는 건축가로서만 뛰어났던 게 아니라 처세와 전략에도 능한 현명한 사람이었다. 그는 시장에게 각종 공학적 원리를 설명하고 논증을 대며 시장의 의견이 옳지 않음을 증명하려 애쓰지 않았다.

그는 기둥 두 개를 설치했고 이에 대해 시장은 렌에게 고마워했고 그 건물에 대한 안정감이 높아져 잘 생활했다. 훗날 그 기둥은 천장에 닿지 않는 장식품이었다는 것이 밝혀졌다.

렌은 싸우지 않고 이기는 전형을 보여준다. 시장은 그 장식품 기둥을 통해 마음의 안정도 얻었고, 기분도 상하지 않았다. 렌은 장식품 기둥으로 추가적인 기둥 설치 없이 자신의 의견을 관철시켰고 시장의 기분을 맞춰줘 오히려 고마움을 갖게 했다. 게다가 훗날 후세들에게 그런 공학적 설계에는 추가적인 기둥이 필요 없음을 이해시킬 수 있었다.

만약 이때 렌이 자신의 옳음을 주장했다면 어떻게 됐을까?

웨스트민스터 시장은 2층 바닥이 약한 것 같다고 과민반응을 보이며

기둥 두 개를 더 설치하라고 주장한 것으로 보아

자존심과 고집이 센 보통의 사람일 것이다.

아무리 렌이 과학적이고 옳은 근거를 내세우며

추가적인 기둥이 필요 없다는 것을 주장했더라도

겉으론 그 논리가 수긍될지 몰라도 마음으로는 자신이 옳다고 여기며

자신의 주장을 굽히지 않았을 것이라 예상할 수 있다.

더군다나 시장은 렌보다 사회적 위치와 더 큰 권력을 가지고 있다.

이런 상황에서 시장은 렌 때문에 자신의 입장이 우스워졌고,

자신의 권력에 도전당했다고 여겨

어떻게든 렌에게 불이익을 줬을 것이다.

렌은 상대의 특성을 잘 파악하며,

자신의 궁극적 승리 방법이 뭔지를

이성적이고 냉철하게 말이 아닌 행동으로 쟁취했다.

누구나 자신의 자아를 공격당하는 것을 두려워한다.

누군가가 자신의 자아를 존중하지 않고 공격하려는 의도가 보이면

마음의 문을 꽁꽁 닫는 게 사람이다.

누구나 타인의 공격과 주장으로

자신의 세계관과 생각을 바꾸지 않는다.

상대를 알고 나를 알면 백전백승이라 했다.

상대의 그런 특성을 이해하고 결과적으로 승리하는 방법은

논쟁이 아닌 행동으로 하는 것임을 알아야 한다.

감정 소모, 평판 등 눈에 보이지 않는 많은 것을 잃으며,

상대방에게 지워지지 않는 모욕감과 치욕으로 반감을 심어준 채

그 순간에 승리하는 것은 곧 패배다.

왜냐하면 그것은 결과적으로 잃는 것이 더 많고

훗날 더 큰 화를 불러오기 때문이다.

이는 필연적이다.

최종적으로 무엇이 승리인가.

논쟁이 아닌 그저 행동으로 쟁취하는 것임을 잊지 말라.

왕관전략:
나는 왕 대접을 받아야 마땅하다

당신의 천재적 이기성은 눈치 보지 않는다.

자신이 원하는 것을 요구하고 당당히 밝히는 데 주저하지 않는다.

하지만 세상 속에서 삶을 살아가고 위계질서의 사회에서 실패와 상처

를 겪으며

자신의 한계를 낮게 설정하고 기가 꺾인다.

세상의, 너 중심으로 돌아가지 않으며

너 자신의 분수를 알고 지키라는 따위의 말을 곧이곧대로 받아들인다.

항상 세상에 굽신거리고 단순한 요구를 하는 것조차 어려워하게 된다.

사회생활에서는 자신을 억누르고 희생해서라도

주변 사람들의 비위를 맞춰야 하고,

미움을 받고 눈 밖에 나면 낙오되어

인생의 실패자가 된다는 겁을 잔뜩 먹는다.

그런 협박에 당신은 당신의 승리 본능인 천재적 이기성을 억누르고

그 반대로 가는 것이다.

문제는 그런 삶이 얼마나 옳은지, 그 결과가 어떻게 나오는지이다.

현실은 결과가 정반대로 나타나는 경우가 대부분이다.

우리 주변에 소위 잘나가고 신명 나게 사는 사람들은

자신의 본질을 억누르지 않고 발산하는 타입이다.

누가 뭐라고 하든 자신이 옳다는 생각이 들면 배팅한다.

현실은 사회의 협박과 두려움에 정반대로 나타난다.

사회의 협박과 거기서 심어주는 두려움대로

겸손이라는 이름으로 자신을 억누르고 굽신거려서 얻는 것이라고는

업신여김과 경멸과 끝없는 무시뿐이다.

이제 그 잘못된 대응방식을 깨닫고 바꾸어야만 한다.

세상사의 진실은 당신이 어떻게 처신하느냐에 따라

딱 그만큼만 세상은 당신을 대접한다.

세상이 심어주는 패배의식과 협박에 작심하고 정반대로 가야 한다.
이제 세상에 굽신거리고 겁을 내고 조심스러웠던 마음을 집어던지고
자신을 왕처럼 여기고 왕 대접을 받아야 한다고 여겨라.
'부활한 마키아벨리'라는 명성을 얻은 로버트 그린은
자신의 대표 저서 《권력의 법칙》에서 왕관전략을 이렇게 소개했다.
'왕관전략이란 우리가 위대한 일을 할 운명이라고 스스로 믿으면 그러
한 믿음이 바깥으로 발산이 된다는 것이다. 왕관을 쓰면 왕 주위에 아우
라가 생기는 것과 같은 이치다. 밖으로 발산되는 그 기운은 주위 사람들
을 감염시키고, 그들은 우리가 그토록 자신감 넘치는 데는 필경 이유가
있을 거라 생각한다. 왕관을 쓴 사람들은 아무 거리낌 없이 무엇이든 요
구하고, 또 무엇이든 이룰 수 있는 것처럼 보인다. 이런 생각 역시 밖으
로 발산되어 나온다. 그러면서 제약과 한계는 사라진다. 왕관의 전략을
한번 활용해보라. 그러면 그 결실을 보고 놀라게 될 것이다.'

로버트 그린의 주장처럼 이제 삶의 방식을 바꿀 때다.
억눌러왔던 천재적 이기성을 깨워
세상에 당당히 존경과 존중을 주문하고 요구해야 한다.
그래야 존중과 존경을 세상으로부터 얻을 수 있다.

그렇게 하면 당신이 설정한 왕이라는 데 걸맞은 대접이 올 것이다.

왕관전략의 대가로 서양을 건너 아메리카 대륙을 발견한 이탈리아의 탐험가 크리스토퍼 콜럼버스를 들 수 있다. 콜럼버스를 이탈리아의 귀족 출신으로 아는 사람이 많은데, 이는 사실이 아니다. 콜럼버스는 미천하고 가난한 직조공의 아들이었다. 그가 자신을 이탈리아 귀족 출신이라고 꾸며낸 것이다. 그는 어떻게 자기 나라도 아닌 스페인의 이사벨 여왕으로부터 막대한 항해 자금을 지원받을 수 있었을까? 당시 대서양을 서쪽으로 항해하면 섬이나 육지를 발견하게 될 거라는 이야기는 그다지 독특한 발상도 아니었는데 말이다.

그는 처음에 포르투갈의 왕 주앙 2세를 만나 자금 지원을 요청했다. 그는 통념에 맞게 겸손히 자신을 낮추며 소심하고 조심스럽게 요구하지 않았다. 그는 다섯 가지 대담한 요구를 하며 자금 조달을 요청했다.

첫째, 지원국 왕실은 콜럼버스를 탐험대의 해군 제독으로 임명한다.

둘째, 새로 발견하여 지원국 국왕의 영토로 선언된 육지와 바다에서 콜럼버스는 왕 다음가는 부왕 겸 총독이 된다.

셋째, 콜럼버스는 자신이 발견하거나 얻은 진주, 보석, 금, 은, 향료, 기타 물건으로 생기는 이익의 10%를 받는다.

넷째, 콜럼버스는 새로 발견된 영토와 지원국 사이에서 이익에 대한 소송이 일어날 경우 그 재판장으로서 재판권을 갖는다.

다섯째, 위 항의 권리와 명예를 콜럼버스의 자손 대대로 물려받는다.

미천한 집안 출신인 콜럼버스는 지금 봐도 대담한 요구를 한 것이다. 그는 그런 요구를 하기엔 항해 지식이나 기구를 사용하는 법도 모르는, 사람을 이끌어본 적도 없는 인물이었다.

결과적으로 주앙 2세에게 거절당했지만 그런 대담한 요구를 한 콜럼버스는 그만한 요구를 할 자격이 있고, 급이 높은 인물이라는 사회적 인식을 갖추게 되었다. 그는 이후 스페인의 이사벨 여왕에게 주앙 2세에게 했던 것과 같은 요구를 했고, 결국 선박 3척, 장비, 선원들의 급여, 콜럼버스 자신의 봉급, 콜럼버스가 원하던 칭호와 권리를 얻어낼 수 있었다. 물론 콜럼버스가 제시한 조건을 자손 대대로 물려받는 것은 거부되었지만 말이다.

항해 지식과 경험도 없고, 미천한 집안 출신인 콜럼버스였지만 그는 왕관전략의 천재였다. 그는 자신이 큰일을 할 사람이며, 왕 대접을 받아 마땅한 사람이라고 스스로 믿었다. 그 믿음이 바깥으로 발산되었고, 결국 그렇게 행동하도록 만든다는 자기충족적 예언을 현실화했다.

자신을 어떻게 대해야 하는지 알려주는 사람은

누구도 아닌 나 자신이다.

나 자신이 세상에 '나를 어떻게 대해주세요' 하는 시그널을

온몸으로 끊임없이 발산해야 한다.

늘 굽신거린다면 세상은 당신에게 위압적인 태도를 취할 것이다.

굽신거리는 당신에게 어울리도록

세상은 한 치의 오차 없이 당신을 대할 것이기 때문이다.

가벼워 보이거나, 우스워 보이면

결국 당신에게 돌아오는 것은 경멸과 무시뿐임을 명심하라.

내가 일방적으로 접고 들어가는 관계는

나에게 좋게 돌아오는 것이 하나도 없다.

따지고 보면 우리가 그렇게 중요시하는 인맥이라는 것도

대등한 입장에서나 의미가 있는 것이다.

주고받는 것이 없다면 인맥은 동력을 잃고 쓰러진다.

주고받는 것 없이 한 사람이 일방적으로 받기만 한다면

그것은 민폐일 뿐이다.

그리고 당신은 그것이 인맥이라고 생각하지만,

상대는 당신을 인맥이라고 생각하지 않는다.

주는 것이 없으면 받는 것도 없다.

무엇인가를 받았다면 그만큼을 주어야 그것이 유지되는 법이다.

대등한 관계에 서지 못하는 인맥이란 인맥이 아니다.

당신은 그저 민폐고 귀찮은 존재일 뿐이다.

무시를 당하는 순간 당신이 그 인맥(?)으로 얻을 수 있는 것은

아무것도 없다.

이제 도움 안 되는 소심한 마음일랑 버리고

스스로의 믿음과 의식을 변화시키자.

왕의 대접을 받아야 하는 사람으로!

그러면 진짜 왕이 될 것이다.

플랜 B는 없다.
벼랑 끝에 나를 세운다

자기 눈앞의 승부에 눈치 보지 않고

자신의 모든 것을 걸어 승리를 쟁취하는 게

당신이 가진 천재적 이기성이다.

누구도 패배를 원하지 않는다. 누구나 지독히도 승리를 원한다.

원래 싸움은 이기자고 하는 것이고, 승부는 승리를 위한 것이다.

그 승리를 쟁취하기 위해

당신은 당신을 승리할 수밖에 없는 상황으로 만들어야 한다.

그건 당신을 절박함과 절실함으로 무장시키는 것이다.

절박함과 절실함이 없다면 늘 지금이 아닌 나중을 기약하게 된다.

대학만 가면, 취업만 하면, 결혼만 하면,

아이만 낳으면, 아이만 크면, 은퇴만 하면…….

그러다가 어느 순간 죽음이 가까워졌음을 깨닫게 되는 게 인생이다.

긴박하게 해야 할 일이 없어서

눈앞의 상황에 자신의 최선을 다하기보다는

그냥 편안하게 임하는 것이다.

이러한 상황에서는 아무것도 변화시킬 수 없다.

벼랑 끝에 설 때, 더 이상 물러설 곳이 없을 때, 막다른 골목에 몰렸을 때

당신은 평안함의 시기 때는 상상할 수도 없는

힘과 능력을 발휘하게 될 것이다.

천재적 이기성을 발휘하는 그들은 싸울 때 이 점을 십분 활용한다.
벼랑 끝에 자신을 세우는 것이다.
자신의 최선을 다 바치지 않는다면
죽음까지는 아니어도
자신의 소중한 걸 상당 부분 잃는
위험이 큰 상황에 자신을 던지는 것이다.

그런 상황에 몰려야 패배를 용납하지 않을 테니

그런 태도로 임한다면 패배하지 않을 것이다.

자세가 모든 것이다.

그런 자세로 임하면 반드시 승리한다.

스페인의 코르테스는 멕시코 정복을 위해 멕시코에 가서 아스텍족과 일
전을 벌여야 했는데 부하들에게는 그런 절박함이 없었다. 부하들의 머
리에는 고향 쿠바와 가족들 그리고 금 생각뿐이었다. 코르테스는 선박
에 구멍을 뚫어 쿠바로 갈 수 있는 배를 모두 좌초시켰다. 이제 그들에
겐 죽지 않으려면 싸워서 이기는 방법 외엔 없었다. 그들을 이기지 못하
면 자신들이 죽는 상황이 된 것이다. 더 이상 기댈 게 없어진 것이다. 한

발짝만 물러서면 절벽으로 떨어지는 상황 속에서 코르테스와 병사들은 인디언들과 죽기 살기로 싸웠다. 결국 그들은 이겼다.

병사들에겐 위험에 처하거나 힘든 상황이 왔을 때 기댈 언덕이 있었다. 바로 도망칠 수 있는 수단인 선박이었다. 그런 상황에서 목숨을 걸고 절박하게 위험한 전쟁에 임할 마음가짐을 갖기란 어려웠다. 그런데 기댈 언덕이 사라지자 싸움에서 지면 죽는다는 위기감이 생겼다. 절박함이 그들 마음속에 가득 차오르자 엄청난 전투력이 생겼고 결국 그들은 승리를 거두었다.

코르테스는 그 상황에서 문제의 본질이 언제든 돌아갈 수 있는 선박이라는 사실을 정확히 알고 있었다. 선박은 일에 조금이라도 차질이 생기고 어려워지면 택할 수 있는 플랜 B였던 것이다.

플랜 B가 있었기에 '이 전투에서 이기지 못하면 죽는다. 반드시 이긴다'가 아니라 '열심히 싸워보자. 안 되면 선박을 타고 돌아가면 된다'는 생각을 갖게 된 것이다. 오히려 플랜 B 때문에 위험한 상황에 처하면 도망가면 그만이다, 위험을 무릅쓸 필요가 없다, 편한 대안이 있다 등의 생각을 갖게 됨으로써 일이 잘되지 않을 수 있었다. 돌파구를 찾고 승리를 쟁취하는 사람은 기댈 언덕이 없고, 잃을 것이 없는 이다. 그런 사람에게는 상상할 수 없는 전투력이 나온다.

죽음과 마주하는 경험을 하며 삶을 뒤바꾸는 경우도 있다. 유럽에서 혁명운동이 일어난 1849년 무렵, 러시아는 니콜라이 1세의 억압 통치 아래 놓여 있었다. 28세의 도스토옙스키는 현실을 비판하는 정치적, 사회적 개혁 운동에 가담하고 있었다. 러시아 정부는 유럽혁명의 바람이 러시아에 미칠 영향을 염려하여 그해 4월 개혁 사상가 218명을 체포했다. 이들 중 21명에게 총살형이 선고되었고 여기에 도스토옙스키도 포함되어 있었다.

1849년 12월 22일 영하 50도나 되는 추운 겨울날, 도스토옙스키는 형장으로 끌려갔다. 형장에 세워진 기둥에 묶였을 때 이제 그에게 남은 시간은 겨우 5분이었다. 그는 생애 마지막 5분을 어떻게 쓸까 하고 생각해보았다.

'내가 죽음을 당하지 않는다면, 내 삶은 갑작스럽게 무한하고 완전한 영원으로서 매초가 한 세기를 살아가는 듯 느껴질 것이다. 스쳐 지나가는 모든 것을 소중하게 여기리라. 인생의 단 일 초도 허비하지 않으리라.'

그는 형장에 같이 끌려온 동료에게 마지막 인사를 하는 데 2분을 쓰고, 오늘까지 살아온 생활과 생각을 정리하는 데 2분을 쓰기로 했다. 그리고 남은 1분은 아름다운 자연을 한번 둘러보는 데 쓰기로 마음먹었다. 그는 옆 사람에게 최후의 키스를 하고 이제 자신에 대해 생각하려는데,

문득 3분 후에 어디로 갈 것인가 하는 생각이 들면서 눈앞이 캄캄해졌다. 28년이라는 세월이 너무나 헛되게 느껴졌다. 다시 시작할 수만 있다면 하는 생각이 절실했지만 돌이킬 수 없었다. 그의 귀에 탄환을 장전하는 소리가 들리는 순간 견딜 수 없는 죽음의 공포가 엄습했다. 그때 한 병사가 흰 손수건을 흔들면서 달려왔다.

"황제의 칙령이오! 사형을 중지하시오!"

그 경험 이후로 그는 인생의 한순간도 낭비하지 않고 미친 듯이 집필하여 《죄와 벌》, 《악령》, 《카라마조프의 형제들》 등 많은 불후의 명작을 남겼다.

죽다 살아난 그 사면의 경험으로 도스토옙스키는 인생 전체에 절박함과 절실함으로 무장하였다. 그날의 강렬한 경험은 그의 인생 매 순간마다 영향을 미쳤다. 죽음의 문턱을 생생히 느낀 그는 살아 있는 순간순간을 소중히 여기며 단 한순간도 허비하지 않겠다는 다짐을 실천했다. 그를 역사적 대문호로 만들고 위대한 작품들을 쏟아낸 원동력은 죽음의 생생한 체험을 통한 지난날의 후회와 남은 날에 대한 절박함과 절실함이었던 것이다.

우리는 전쟁에서 이기지 못하면 죽음이라는 절박감과
죽음이 바로 눈앞에 있을지도 모른다는 절실함이 만들어낸
엄청난 힘에 주목하고 배워야 한다.

내가 국내 대기업 영업팀에서 근무할 때의 일이다. 회사는 마감을 위해
각 영업 지점을 매우 강도 높게 압박했다. 마감 때 각 영업 사원은 고도
의 압박감과 절실함을 갖출 수밖에 없었다. 그럴 때마다 영업 사원들이
보여주는 엄청난 퍼포먼스는 감탄할 정도였다. 위기감과 절실함은 상
상을 초월하는 성과를 일으키곤 했다. 그러고 나서 마감이 끝나고 나면
언제 그랬냐는 듯이 일상의 습관으로 다시 돌아갔다.

대학 시절, 여름에 등록금을 벌기 위해 학교 친구 다섯 명과 해수욕장에
치킨을 팔러 간 적이 있다. 매상을 올려 어느 정도 수익을 낼 수 있으려
면 하루에 2~300마리를 팔아야 했지만, 7~80마리밖에 팔지 못했다. 판
매 부진이 일주일 넘게 지속되어 판매 장소도 옮겨보고, 판매 시간도 늘
려보고, 광고지도 돌리는 등 여러 노력을 해보았지만 상황은 개선되지
않았다.
나는 그 원인을 고민하던 중 별로 절박하지 않은 친구들이 한창 치킨을

팔아야 할 때 잡담하고 노는 시간이 압도적으로 많다는 것을 깨달았다. 친구들은 치킨을 많이 팔아 돈을 많이 벌겠다는 절박함이 없었다. 그때까지의 우리가 채택한 수익 구조는 친구들끼리 그날 판매한 치킨을 모두 합쳐서 1/N로 나눠 가지는 구조였다. 그런 구조라면 본인이 열심히 하지 않아도 어느 정도 몫을 챙길 수 있기 때문에 열심히 할 이유와 절실함이 없을 것이라는 데 생각이 이르렀다.

그래서 나는 친구들에게 이제부터 치킨을 각자가 판 만큼 가져가자고 하였다. 반발하는 친구들도 있었지만 결국 나의 주장이 받아들여졌다. 그렇게 하니 은근히 경쟁심과 승부욕이 발동하였고 무엇보다 기댈 언덕 없이 본인이 팔아야만 한다는 절박감이 몰려왔다. 일하지 않을 시간에도 일했고, 해변뿐 아니라 민박 업체에도 돌아다니며 영업을 했다. 한 친구는 대학교에서 단체로 온 고객을 찾아서 대량 판매를 이루기도 했다. 그런 구조 속에서 치킨 판매는 처음 목표 이상을 달성할 수 있었다.

인간은 환경에 영향을 많이 받는 존재다.
편안하고 느슨하고 기댈 언덕이 있는 환경이라면
자신의 능력과 경쟁력, 상황 타개 능력은 퇴보한다.
기댈 언덕이 없고, 벼랑 끝에 서고, 플랜 B가 없을 때,

당신의 집중력과 능력은 지금 상상할 수 없는

다른 차원의 수준에 이를 것이다.

지는 게임은 하지 않는다

'싸워야 할지 말아야 할지를 아는 자가 이긴다. 이는 쉽게 말해 누울 자리를 보고 다리를 뻗으라는 얘기다. 계란 쥐고 바위 깨겠다고 덤비는 미련한 짓을 하지 말라는 뜻이다. 이길 수 없는 싸움을 미리 피하는 건 부끄러운 게 아니다. 남들의 비아냥거림을 감수하면서 고개를 숙일 수 있는 건 오히려 용기다. 손가락질을 받더라도 이기는 싸움을 해야 한다.'

손자병법, 승리의 첫 번째 조건!

병법서의 바이블이라 할 수 있는 손자병법의 핵심 메시지이자

승리를 위한 제1 조건이 바로

'싸워야 할지 말아야 할지를 아는 자가 이긴다'

이다.

현실적으로 강력한 적 앞에서 물러서는 것을

비겁하고 나약함의 징표라고 보는 사람이 있는데 이는 틀렸다.

오히려 그는 현명한 전략가일 수 있다.

그리고 나약하기는커녕 강인함의 증표일 수 있다.

천재적 이기성을 발휘하는 자는 자신의 기세가 밀려 약할 때

그 싸움을 피하거나 항복하는 것을 부끄러워하지 않는다.

그들은 궁극적 승리, 최종적인 승리가 중요함을 알기 때문이다.

과정에서의 작은 승리(전투)에 연연하지 않고
최종적인 승리(전쟁)가 목적인 것이다.

진정한 전략가적 파이터들은 라운드 과정에서
카운터 한 방을 위해 일부러 빈틈을 보이기도 한다.
상대를 도발하고 방심하게 만들기 위해 일부 타격을 허용한다.
그러는 과정에서 틈이 생기면 카운터 한 방으로
그 승부를 최종 승리로 결정짓는다.
타격은 상대가 더 많이 했지만
그 경기는 전략가적 파이터가 가져가는 것이다.

상대를 알고 나를 아는 것은 세상살이의 중요
한 지혜이자 싸움에서도 중요한 지혜이다. 내가 모든 면에서 세가
밀리고 불안하고 약한데 상대의 세가 크고 강세를 보일 때 진정한 전략
가는 고개를 숙이고 몸을 굽히고 승부를 피한다. 주변의 비아냥도 개의
치 않는다.
그의 굽히는 마음속엔 시간을 벌어 훗날을 기약하는 지혜가 숨어 있다.
그는 알고 있다. 운은 변하고, 시간은 많은 걸 변화시킨다는 것을! 당장

자신을 굽혀서 자신의 소중한 것들을 잃지 않고 훗날을 기약하며 자신을 정비하고 생각을 다듬을 시간을 버는 것이다. 그러면 시간은 내 편이 되어 불리했던 세가 변하고, 운이 변하고, 상황이 변하고, 상대의 빈틈이 생기며 기회가 생긴다. 그 기회를 잡아 대역전극을 이루는 것이다.

이런 면에서 진정으로 승리하고 싶다면 성급한 마음을 버리고, 주변의 시선에 휘둘리는 습성을 버리고, 자신을 굽힐 줄 알아야 한다. 때가 도래할 때까지 승부를 피하고 자신을 절제할 줄 알아야 하는 것이다.

수천 년의 세월 동안 광야를 떠돌고,
그들을 배척하는 척박한 환경 속에서
유대인들을 생존시키고 번영을 도우며
세계 제일의 위대한 민족으로 자리매김하게 한
지혜의 경서 《탈무드》에도
자신을 굽혀야 한다는 지혜가 나온다.

유대인들이 오랜 세월 고생하면서 삶의 지혜와 철학을
후대에 전하기 위해 정리한 경전에서 가장 중요한 것 중 하나가
'삼나무처럼 딱딱하지 말고 갈대처럼 부드러

워라'일 것이다.

극한 상황을 견뎌내고 번영시키는 데 가장 중요한 게

유연한 삶이라고 그들은 생각했던 것이다.

우리가 맞닥뜨리는 세상은 항상 변하는 환경이다. 변하지 않는 것은 아무것도 없다. 어제 많은 것을 고려하여 결정을 내렸다고 해도 오늘 다시 판단했을 때 잘못된 것이라면 자존심을 내세우거나 고집부리지 말고 고쳐갈 수 있는 유연함이 필요하다는 것, 위대한 민족 유대인이 오랜 세월을 겪으며 알아낸 지혜다.

자신을 굽힐 수 있어야 하고 때에 따라선 항복을 선언할 수 있어야 한다. 자신의 모든 것이 불리할 때 모든 면에서 강하고 유리한 상대와 싸우는 것은 용기가 아니라 만용이고 어리석음일 뿐이다. 그 만용으로 상대와 싸워 무엇인가를 얻기는커녕 자신의 소중한 걸 잃게 될 것이다. 그렇게 되면 회복이 불가한 상황에 처할 수도 있다.

현명한 전략가는 싸워야 할 때를 안다.

언제 싸움을 피해서 시간을 벌 때인지를 알고
유연하게 자신을 굽히고 몸을 숨긴다.
그 후 시간을 벌어 자신과 상황을 가다듬고
조급해하지 않고 때를 기다린다.

모든 것은 변한다고 했다. 현재 자신이 약하고 불리하다면 그 또한 변할
것이다. 그러니 현재 그 싸움은 피하고 훗날을 기약해야 한다. 자신이 불
리하고 약한 상황이 변해, 상대에겐 약점이 생기고 자신에겐 강점이 생
긴다. 그때 미뤄왔던 승부를 보면 되는 것이다.

역사나 전 세계의 모든 신화에는 불리할 때 일보 후퇴하여 상황을 역전
시킨 사례들로 가득하다. 당신이 질 게임은 애당초 시작하지 않는 것이
가장 현명한 전략이다. 시간을 벌어 회복하고 준비하여 상황을 역전시
킬 시점이 왔을 때 당당히 승부하라. 당신은 결국 이긴다.

완벽한 기회주의자가 되어
승리를 쟁취한다

우리에게 기회주의자는 그리 긍정적인 의미로 와닿지 않는다. 사전적 의미 '일관된 입장을 지니지 못하고 그때그때의 정세에 따라 이로운 쪽으로 행동하는 사람'으로도 확인되듯이 말이다.

일상생활에서도 상황의 변화에 따라 주관 없이 '박쥐'처럼 이리 붙었다 저리 붙었다 하는 사람을 두고 기회주의자라고 칭한다. 기회주의자는 부정적 의미로 쓰인다. 누군가가 당신에게 기회주의자라고 하면 당신은 기분이 나쁠 것이다. 분명히 기회주의자가 부정적 의미로 널리 쓰이고 있다는 증거이다.

하지만 기회주의자라는 의미를 인생 전체의 관점에서 재조명해볼 필요가 있다. 삶에서 일어나는 일은 상대적으로 볼 수 있다. 왜냐하면 같은 사건이라도 누구에게는 부정적으로 영향을 끼치는 한편, 다른 누군가에게는 긍정적으로 영향을 끼치기 때문이다. 어떻게 받아들이냐에 따라 한사람에게 좋은 것일 수도 있고 나쁜 것일 수도 있다.

가난한 집에서 태어난 것은 일반적으로 나쁜 일로 취급받는다. 하지만 가난하게 태어났기에 그 가난에서 벗어나고자 분투하고, 최선을 다해 자신을 갈고닦아 능력을 키워 큰 성공을 이뤄내는 사람이 있다. 그 사람은 가난한 집에 태어나지 않았다면 도저히 이룰 수 없는 성과를 이루어낸다. 그에게 가난은 저주일까, 축복일까?

부잣집에 태어난 것은 일반적으로 복 받은 것이라 여겨진다. 하지만 부잣집에 태어나 세상 물정 모르고 온실 속 화초처럼 자라 그저 그렇게 살다가 죽는 사람도 많다. 그것이 진정으로 한 사람 인생에서 복이라 부를 수 있는 것일까?

어떤 사건이든 받아들이기에 따라 좋은 것이 되기도 하고, 나쁜 것이 되기도 한다. 인생사 새옹지마라는 말은 진리다. 인생의 장애물을 만났을 때, 그것을 다른 사람들이 다 나쁜 것이라 해도 본인은 낙담하지 말고 어떤 식으로든 의미를 찾아 교훈을 얻고 좋은 것으로 만들 수 있어야 한다. 어떤 사건이 일어나든 그 상황 속에서 완벽한 기회주의자가 되어 반전을 만들어야 한다.

삶에서 정말 긴박하고 조마조마한 상황에 처한 경우를 한번 생각해보라. 마감 시간이 얼마 안 남았는데, 자신이 해결하기 힘든 상황, 늘 도와주던 사람이 갑자기 외면하는 상황, 스스로가 해결하지 않으면 안 되는 상황, 사랑하는 사람이 떠나기 몇 분 전 상황, 회사 내에서의 존립 여부가 달려 있는 마감을 앞둔 상황 등……. 이런 상황에서 군더더기나 비본질적인 것은 순식간에 걸러진다. 본질에만 집중하고 일상적으로 도저히 상상할 수 없는 해결책과 창의성을 발휘하는 것이다.
무의식에 잠자고 있던 무한한 힘이 발휘되어 자신이 했다고 믿기지 않을 일들을 해낸다. 매 순간 고도의 집중력으로 기회를 찾아내기 때문일 것이다. 그 순간에는 긍정적 의미의 기회주의적 행동이 발현하는 것이다.

기회주의적 능력을 발휘하며 살아간다면 엄청난 일들이 일어날 것이다. 우리가 본받고 배워야 할 기회주의적 행동은 먼저 자신이 가진 자원을 최대로 활용할 수 있도록 하는 것이다. 자원의 진정한 의미는 자신이 가진 것을 재정비하고 재분배하는 것에서부터 시작하는 것이다. 외부에서 구하기 이전에 자신이 가진 것을 헤아리고 최적으로 발현할 수 있도록 하는 게 첫 번째다.

거듭 말하지만, 삶에서 마주하는 모든 사건을 자신에게 도움이 되고 유리하고 긍정적인 것으로 만들어야 한다. 삶에서 일어나는 일은 상대적이라 했다. 자신이 어떻게 받아들이고 어떻게 의미를 부여하는가에 따라 달라진다. 절대로 어떤 사건에 대한 해석을 남에게 맡기지 말라. 그것은 온전히 내가 책임져야 하고, 내 것이어야 한다는 것을 잊지 말라. 위대한 인물들, 불리한 상황에서 반전을 만든 사람들, 삶을 반석 위에 올린 사람들, 자신의 분야에 일가를 이룬 사람들은 다 기회에 강한 인물들이라는 것을 기억하자.

믿음이 있는 자는 자신에게 일어난 일이 다 절대자의 계획이고 이 모든 것이 합하여 선을 이룬다는 사실을 믿어야 하고, 믿음이 없는 자는 모든 사건에는 이유가 있고 자신에게 필요한 일이라는 사실을 받아들여야 한다.

기회주의라는 말의 부정적 의미부터 바로잡고 인식의 전환을 과감히 하자. 자신에게 일어나는 어떤 일도 기회를 품고 있다는 사실을 잊지 말고 훌륭한 기회주의자가 되어 기회를 활용하면 반드시 승리할 것이다.

변칙, 예측 불가!
나를 읽을 수 없게 한다

사람은 일반적으로 예측 가능한 것에서 편안함을 느낀다.

오랜 친구가 편하게 느껴지는 중요한 이유는

그 친구가 어떤 성격이고 무엇을 좋아하고 싫어하는지

다 예측할 수 있기 때문일 것이다.

오래해서 익숙한 일이 편하게 느껴지는 것도 같은 이유이다.

그 일을 어떻게 처리해야 하는지 머릿속에 훤히 그려져

예측할 수 있기 때문이다.

당신이 본능적으로 익숙하고 예측 가능한 것을 좋아하듯이,

상대방도 당신이 예측 가능하길 바란다.

그래야 상대방은 당신을 통제할 수 있을 것이기 때문이다.

하지만 당신은 세상과 부딪쳐야 한다.

자기 잇속만 차리는 사람들 틈에서 당당히

당신의 몫을 쟁취해내야 하고 자신의 것을 지킬 수 있어야 한다.

세상은 착한 사람들로만 구성되어 있지 않다.

음흉한 의도를 가진 상대방과 싸워야 한다.

만약 그들에게 당신이 늘 예측 가능하고,

당신의 행동이 머릿속에 훤히 그려진다면

당신은 그들에게 읽힌 것이다.

그렇게 되면 상대는 당신을 마음대로 통제할 수 있다고 생각한다.

그렇게 당신은 우스운 존재, 뻔히 보이는 존재가 되고 마는 것이다.

그런 관계 속에서 당신이 얻을 수 있는 건 아무것도 없다.

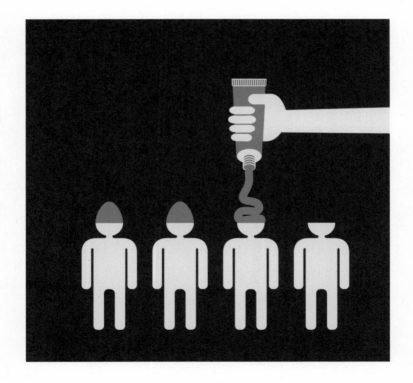

당신은 예측 가능한 사람, 수가 훤히 보이는 사람이 되어서는 안 된다. 당신은 변칙적으로 행동할 수 있어야 하고, 예측 불가하게 행동할 수 있어야 한다. 그래야 상대는 당신의 다음 수가 어떨지 도무지 파악하지 못한다. 그러면 상대방은 당신에게 이상한 불안감이 생기고, 그 불안감은 당신에 대한 존중심으로 나타난다. 읽을 수 없는 상대는 절대 막 대할 수 없는 법이다. 만약 누군가가 당신을 업신여기고 막 대한다면 그 이유는 대부분 자신에게 있다. 상대가 당신을 모욕하고 막 대할 때 당신이 아무 대응도 하지 못할 것임을 상대가 예측하기 때문이다. 예측할 수 있는 상대는 그냥 쉬워 보이는 것이다. 예측할 수 없는 상대는 그 자체로 두려움과 권력의 이유가 된다.

기원전 219년 에스파냐의 총독이던 26세의 한니발은 5만여 대군과 코끼리 부대를 이끌고 에스파냐를 떠났다. 목적지는 로마였다. 로마는 이 소식을 듣고 에스파냐가 당연히 해상으로 쳐들어올 거라 예측했다. 당시 에스파냐가 점령하고 있던 카르타고는 해상 국가이고 당연히 해군이 강했기 때문이다. 그러나 한니발은 예측 불가한 방법을 택했다. 바로 땅으로 진격한 것이다. 고난의 행군은 몇 달이 넘도록 계속되었다. 피레

네 산맥을 넘고, 그 높고 험준한 알프스 산맥을 넘었다. 그 과정에서 거의 절반이 넘는 병사가 목숨을 잃었다.

계속 진군하여 로마에 도착한 한니발의 부대 앞에 자연의 장애물 말고는 아무런 방해가 없었다. 로마는 한니발의 부대가 그쪽으로 공격해 오리라고는 전혀 예측하지 못했기 때문이다. 한니발 부대는 승리에 승리를 거듭했다.

한니발의 변칙적인 지략이 가장 돋보인 전투는 기원전 216년에 벌어진 칸나에 전투였다. 이탈리아 남쪽 칸나에에서 한니발은 초승달 전법을 선보였다. 부대의 중앙에는 약한 병사들을 배치하고 날개 부분에는 기병이나 전투력이 강한 병사를 배치한 것이다. 로마군은 아무것도 모르고 가운데로 공격해 들어왔다. 한니발 부대는 중앙에서는 밀리는 듯하더니 양쪽 날개 부분 정예 병사들이 에워싸서 로마군을 포위하여 덮치는 형국이 되어 대승을 거뒀다. 그후 한니발은 로마에서 두려움의 대명사가 되었다. 우는 아기도 한니발 온다고 하면 울음을 뚝 그칠 정도였다고 한다.

한니발처럼 적이 나를 예측할 수 없게 하면 상대는 저항할 수 없다.
한번 상대의 변칙, 예측 불가의 맛을 보면

마음속에 상대에 대한 두려움의 상흔이 강하게 남는다.

당신이 아무런 의도가 없어도

그 상흔이 당신을 함부로 할 수 없는 사람으로 만들어준다.

예측할 수 없는 상대에게는 저항할 수 없고,

그 두려움 자체에 대항할 수 없다.

순진하게 상대를 대해선 안 된다.

당신이 주도권을 갖지 못하면 상대의 손에 이끌리는 것이다.

그저 편한 사람, 다음 수가 훤히 보이는 사람이 되어 얻는 것이라곤

경멸과 무시뿐임을 잊지 말라.

일상에서도 매력 있는 사람은 예측 불가한 사람이다.

사람은 기본적으로 지루한 것을 싫어한다.

늘 예측 가능한 사람은 지루한 사람이 된다.

곧 매력 없는 사람이 된다는 뜻이다.

남녀관계에서 잘 이끌어가는 사람은

상대가 예상하지 못하는 긴장과 호기심을 지속적으로 유발한다.

상대가 예측 불가한 상황을 자주 만들면 궁금증을 유발하게 되고

상대는 당신을 더 알고 싶어 한다.

당신에 대한 신비감과 호기심을 갖는 한

상대는 당신에게 끌려오게 되어 있다.

요컨대 변칙, 예측 불가의 전략을 사용하면

당신은 우위에 서게 될 것이다

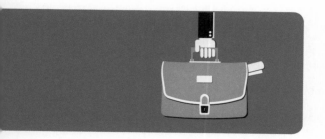

자신을 멋지게 마케팅한다

모든 것은 변한다. 당신도 변하고, 타인도 변하고, 세상도 변한다. 당신이 소중히 여겨 마지않는 사랑도, 우정도 변한다. 학교를 졸업하고, 취직하고, 결혼하고, 아이를 출산하면서 당신이 중요하게 생각하는 가치도 변한다.

이런 변화 속에서 게임의 룰도 바뀐다. 물건 혹은 서비스가 품질 좋고 특화된 장점이 있다고 해서 바쁜 사람들이 알아서 그 물건을 찾을 거라 생각한다면 그건 착각이고 당신은 동화 속에 살고 있는 것이다.

좋은 제품과 서비스는 널려 있다. 그 장점과 강점을 멋지게 포장(마케팅)할 줄 아는 제품과 서비스가 고객의 기억 속에 인식될 수 있다. 그렇게 인식됨으로써 그 제품과 서비스는 멋진 특장점을 가진 것으로 고객의 기억 속에 포지셔닝 될 수 있다. 그때 고객들은 돈을 주고 그 제품과 서비스를 이용하게 되는 것이다.

천재적 이기성을 발휘하는 사람은 자신에 대한 마케팅이 얼마큼 중요한지를 잘 안다. 비슷한 능력과 장점을 가진 사람들끼리의 싸움에서 마케팅에 의해 승부가 갈린다는 것을 알기 때문이다.

예쁜 장미를 신문지에 싸놓은 것과 고급 포장지에 싸놓은 것의 차이를 상상해보면 쉽다. 그 안에 있는 건 똑같은 장미지만 무엇으로 포장하느냐에 따라 장미의 가치가 달라지는 것이다.

자신이 가진 자원(장점,강점)을 극대화하는 것의 중요성을 인지해야 한다. 자신에 대한 포장(마케팅)을 어떻게 하는가에 따라 자신의 가치가 달라진다.

흔히 하는 실수가 자신의 도끼(강점 및 능력)만 날카롭고 예리하게 갈아 놓으면 사람들이 알아서 그 도끼를 찾아주리라 믿는다는 것이다. 자신이 채용되지 못했다면 자신의 도끼가 더 날카롭고 예리하게 갈리지 않아서라고 믿고 자신의 도끼를 가는 데 시간을 투자한다. 그래서 계속 토익 점수 몇 점 더 올리려고 토익에 빠지고, 크게 쓸데없는 자격증 취득에 돈과 시간을 버리는 것이고, 별로 관심도 없는 분야에 수상 경력이라는 스펙을 하나 채우려 애쓰는 것이다.

하지만 멋진 곳에 채용된 사람들은 꼭 그 도끼가 다른 사람들 것보다 날카롭고 예리해서가 아님을 보여준다. 이력서에는 평범한 이력들로 가득하고, 남들 있는 것 똑같이 있고, 다를 것 없고, 주목할 만한 것 하나 없는 것들로 가득한데 왜 멋진 일자리가 그를 찾겠는가?

이제 도끼를 날카롭게 만드는 것보다는 현재 자신의 도끼를 어떻게 멋지고 드라마틱하게 사람들에게 인식시킬 것인가에 집중해보자. 지금까지 해왔던 것처럼 더 날카로운 도끼가 되기 위해 시간과 노력을 쏟지 말자. 자신에 대한 포장, 학술적 용어로 마케팅에 집중해보자는 말이다.

마케팅의 시작은 자신이 가진 것과 위치를 알고 타깃인 고객을 정하는 일이다. 타깃으로 하는 고객을 세분화하여 명확히 정할수록 구체적이고 명확한 전략이 나올 수 있다. 모두를 위한 제품은 누구에게도 필요 없는 제품이 될 것이다.

그렇게 타깃 고객층이 정해졌으면, 그 타깃 고객층에게 결여된 최초의 영역이 무엇일지를 고민하고 찾아보아야 한다. 타깃 고객을 위한 더 좋은 제품을 만들기 위한 노력보다는 최초가 되기 위해 노력하는 것이 중요하다.

사람들의 세계관과 인식은 한번 형성되면 바꾸기가 매우 어렵다. 그러므로 사람들의 기억 속에 제일 먼저 들어갈 수 있는 것을 찾아내야 한다. 사람들은 실제로 품질보다 제일 먼저 기억된 최초의 것을 가장 선호하게 되어 있고, 제일 먼저 기억된 최초의 것이 가장 우수하다고 인식한다. 어떤 분야든 최초를 이기기는 매우 어렵다.

페브리즈는 최초로 고객들에게 인식된 섬유탈취제이다. 페브리즈 출시 이후 선풍적인 인기를 얻자 다른 회사들도 비슷한 제품들을 쏟아냈다. 여러 기능을 추가하면서 말이다. 하지만 꽤 시간이 지난 지금까지도 페브리즈는 섬유탈취제 시장에서 단연 1등이다. 가격이 좀 더 비싸도 사람들은 페브리즈를 산다. 사실 섬유탈취제라고 부르지도 않는다. 우리는 고깃집에서 고기를 구워 먹고 옷에 고기 냄새가 배면 "페브리즈 있어요?"라고 물어본다. "섬유탈취제 주세요"라고 말하지 않는다. 페브리즈는 섬유탈취제의 대명사가 된 것이다. 최초가 이렇게 무서운 힘을 가지고 있다는 한 예라 하겠다.

만약 어떤 분야에서 최초가 될 수 없다면 최초가 될 세부 영역을 찾는 데 온 힘을 집중해야 한다. 마케팅을 잘하는 사람은 이 제품이 경쟁 제품보다 어떤 점이 좋은가에 초점을 맞추지 않는다. 이 제품이 어떤 점에서 최초인가에 초점을 맞춘다.

그만큼 마케팅에서 최초는 중요하다. 당신도 마찬가지다. 당신이 가진 자원(특장점, 강점, 무기)을 마케팅적 관점에서 생각하여 그 자원을 최초의 것으로 인식되도록 궁리해야 한다. 아주 작은 부분이라도 최초인 부분을 찾고 그 부분을 가지고 고객의 기억 속에 들어가야 한다.

당신이 가진 것이 어떤 점에서 새롭고 어떤 점에서 최초인지 알려서 고객에게 멋지게 인식된다면 사람들은 당신을 주목할 것이다. 그렇게 사람들이 주목하게 만들고 나서 자신의 강점과 능력을 유감없이 발휘하는 것이다.

또한 가능한 한 자신의 강점과 최초의 영역을 스토리로 만들어 설명하라. 스토리는 매우 강력한 마케팅 기법이다. 사람들은 스토리를 좋아한다. 스토리가 있는 제품은 더 비싸고 귀하게 대접받는다. 같은 제품도 스토리가 있고 없고에 따라 엄청난 차이가 난다.

에비앙과 삼다수는 둘 다 그냥 생수다. 물맛에서도 차이가 없고 영양 성분 등에서도 에비앙이 더 좋은 건 아무것도 없다. 그러나 가격은 거의 두 배 차이가 난다. 두 배의 가격을 주고 사람들은 에비앙을 선택한다. 두 배의 가격을 주고 기분 좋게 에비앙을 마신다. 마치 옛 프랑스 귀족이 된 듯한 황홀한 기분을 만끽하면서 말이다. 여기에는 스토리가 한몫하고 있다.

1789년 유럽의 한 귀족이 알프스의 '에비앙 레벵'이라는 마을에서 요양하던 중 그곳의 샘물을 먹고 병을 고쳤다고 한다. 이후 에비앙이라는 브랜드가 탄생했다. 에비앙을 단순히 물이 아니라 고귀했던 프랑스 귀족이 먹었던 약이라는 개념을 입히고 일반 대중이 먹을 수 있게 생수로 만들었다는 스토리를 만들었다. 에비앙을 선택할 때 사람들은 단순히 생수를 사는 것이 아니다. 스토리를 사는 것이다. 그리고 프랑스 왕실의 기분을 느끼는 것이다.

당신은 누구도 갖지 못한 재능과 달란트를 가지고 있다. 그걸 찾아내어 마케팅하라. 고귀한 것으로 만들어라. 그런 후에 당신의 재능과 달란트를 멋지게 발휘하여 당신을 필요로 하는 사람에게 훌륭한 가치를 제공하라.

천재적 이기성을 가진 그들은 자신의 것을 멋지게 포장한다. 그것이 그들이 싸우는 법이다.

Chapter 4

천재적 이기심으로 승리하라.

그들처럼!

내가 바뀌어야 세상도 바뀐다.
나에게 집중하라. 마윈처럼

중국 전자상거래 점유율 80%에 달하는 중국 최대 전자상거래 업체인 알리바바의 창업자 마윈. 그는 어린 시절이나 학창 시절엔 그리 뛰어난 인물이 아니었다.

1964년 중국 항저우의 한 가난한 가정에서 태어난 마윈은 영어만 보통 이상으로 한 것 외엔 학업 성적이 매우 저조했으며 특히 수학 성적은 바닥을 기었다. 결국 3수를 했는데도 전문대라고 할 수 있는 항저우 사범 대학 외국어학과에 입학했다.

왜소한 체격으로 군 입대도 낙방한 그는 항저우 전자과학기술대학에서 영어 강사로 박봉을 받으며 근무했다. 이후 인터넷을 활용한 기업 홍보 사업을 했으나 성과는 좋지 않았다. 이러한 일련의 과정을 거친 후 마윈은 알리바바를 창업했고 대성공을 거두었다.

마윈의 성공 요인 중 주목해야 하는 것은 그의 '천재적 이기성'이다. 그는 결과적으로 세상을 바꿨지만, 정작 세상을 바꾸려 들지는 않았다. 철저히 자신을 바꾸는 데 집중했다. 사회나 타인을 변화시키는 것이 아닌, 자신을 변화시키면 세상이 바뀐다는 게 바로 마윈의 인생철학인 것이다.

대부분의 평범한 사람은 어떤 일에 대해 습관처럼 원인을 외부로 돌리는 데 익숙하다. 공부를 못하는 것은 고액 과외를 못 받기 때문이고, 취업이 안 되는 것은 경기가 안 좋기 때문이고, 경제적으로 허덕이는 것도 나라에 문제가 있기 때문이다.

원인을 외부로 돌리는 순간 책임을 회피할 수 있으니 편하긴 하겠지만 달라지는 건 아무것도 없다. 마윈이 발휘한 천재적 이기성은 바깥에는 별 관심을 두지 않은 것이다. 내가 바꿀 수 있는 것은 나 자신뿐이고, 내가 바뀔 때 외부 세계가 바뀐다는 것을 잘 알고 있었다.

주역은 귀신같은 점괘를 알아맞히는 책으로 알려져 있지만 실은 그렇지 않다. 주역은 본질적으로 변화에 대한 책이고, 변화를 토대로 한 인간사 패턴을 정리한 책이다. 대략적으로 소개하자면 다음과 같다.

▶ 궁즉변: 궁하고 막히면 스스로 변하라(가다가 벽이 가로막으면 내가 두더지가 되어 땅을 파고 가든, 나비가 되어 날아가든 하면 된다). 문제만 보고 있지 말고 내가 변하면 된다.
▶ 변즉통: 변하게 되면 통하리라.

인류는 어려움에 닥쳤을 때 변화를 택하면서 발전해왔다. 물고기를 잡을 때 비닐이 미끄러워 잡지 못하고 있을 때면 작살이라는 변화를 택함으로써 물고기를 손에 넣었다. 주역은 스스로 변하라고 말한다. 세상의 어떤 장벽도 내가 변함으로써 더 이상 장벽이 아니게 된다.

마윈은 시대를 관통하는 이 삶의 진리를 잘 알고 있었다. 사람과 사물은 내가 바꿀 수 없다는 것. 내가 바꿀 수 있는 건 나 자신뿐이고 나 자신의 변화를 통해 외부의 것들을 바꿀 수 있게 된다는 사실을 말이다. 이러한 그의 인생철학은 장샤오형의 《마윈처럼 생각하라》에 잘 드러나 있다.

'꿈을 현실로 만들 수 없다면 공상이 되고 불만과 원망이 됩니다. 저는 매사에 불평하는 사람들을 셀 수도 없이 많이 보았습니다. 다들 이 사회가 문제로 가득한데도 바꾸지 못한다고 투덜댈 뿐 자신과는 아무런 관계가 없다고 생각합니다.

우리 중국도 참 이상합니다. 1960년대에는 특히 그랬습니다. 입버릇처럼 세계를 바꾸고 개선하겠다고 했죠. 가장 높은 곳으로 올라가야만 위대하다고 생각했습니다. 우리는 다른 사람을 변화시키려면 자기 자신부터 바뀌어야 한다는 사실을 기억해야 합니다. 세상을 더 나은 곳으로 만들려면 자신부터 더 나은 사람이 되어야 합니다. 남들을 돕고 싶다면 먼저 스스로를 도와야 합니다. 자기 자신조차 제대로 돕지 못한다면 다

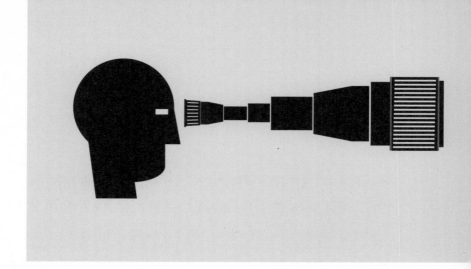

른 것들은 전부 헛소리에 불과합니다.'

마윈에게 처음부터 끝까지 변화의 원인과 시작은 '나'라고 말하고 있다. 어디에도 상황과 외부가 삶을 결정한다는 대목은 없다.

마윈은 자신의 운명을 외부에 기대거나 맡기는 사람이 아니다. 세상을 바꾸고 싶으면 자신부터 바꾸고, 남을 돕고 싶다면 먼저 스스로를 돌보라는 천재적 이기성을 삶의 중심으로 삼아 전 세계가 부러워하고 주목하는 거인이 되었다.

자신에게 온전히 집중한 결과 그는 세상을 바꾸었으며 세상에 줄 것이 많은 멋진 사람이 되었다. 그는 스스로 열정 있게 산 결과 세계의 많은 사람에게 열정을 심어주고, 자신이 성공한 결과 성공, 돈도 줄 수 있는 사람이 되었다.

우리는 대륙의 작은 청년이었던 마윈에게서 많은 것을 배워야 한다. 자신의 한정된 시간과 에너지를 엉뚱한 곳에 낭비하지 말고 마윈처럼 자신에게 집중하고 공을 들여야 한다. 남을 탓하고 바꾸기 위해 헛된 일을 할 시간과 노력을 온전히 자신에게 투자해보자. 내가 바뀌는 만큼 세상도 바뀔 것이고, 세상은 내가 마땅히 대접받아야 할 만큼 나를 대접할 것이다.

편견과 고정관념을 뒤엎어라,
정주영처럼

천재적 이기성은 한계가 없다. 제약 없이 원하고 요구한다. 그런데 선례와 관행이라는 이름의 세상과 부딪치고 소인배와 사기꾼들의 영향을 받아 마음에 벽이 생긴다. 편견과 고정관념이 되는 가능한 것과 불가능한 것을 구분하고 후자의 것은 시도조차 하지 못하고 포기하고 만다.

천재적 이기성을 발휘하며 승부 보는 자들은 절대 그렇게 하지 않는다. 절대 자신의 분수를 남이 정하게 허락하지 않는다. 남들이 안 된다고 한 것들은 남들이 안 되는 거고 "나는 해봐야 한다"고 말한다. 이제껏 아무도 그걸 하지 못했다는 것을 나도 못 한다는 뜻으로 받아들이지 않는다.

"이봐, 해봤어?"

현대그룹의 고 정주영 회장도 천재적 이기성을 발휘하여 신화를 만들었다.

1972년, 아시아에서도 거의 최빈국에 속할 정도로 가난했던 시절에 정 회장은 대한민국 국적의 현대조선소를 추진했다. 그 당시 사회상으로 그것이 얼마나 힘들고 상상하기 힘든 일이었는지 짐작하기란 어렵지 않다. 지금 캄보디아 같은 나라에서 반도체 회사 건설을 위해 대한민국에 자금 융통을 요청하는 것과 비슷한 느낌일 거다.

실제로 당시 한국 조선업은 세계 시장 점유율의 1%에도 미치지 못했다. 그 상황에서 정 회장은 조선소 건설에 필요한 자금 확보와 선박 건조기 확보, 선박 수주 확보라는 세 가지 문제를 동시에 해결해야 하는 난관에 처해 있었다.

실상, 조선소 건설에 필요한 돈만 8천만 달러, 당시 한화로 약 1,000억 원에 가까운 돈이었다. 아시아의 최빈국 대한민국, 이렇다 할 산업과 기술력도 인정받지 못하던 대한민국에게 선뜻 투자할 나라나 은행은 없었다. 예상대로 대부분의 나라가 냉소적이었고 한국에 코웃음을 쳤다. 실제로 그는 여러 나라에서 거부당했다.

정 회장은 영국의 바클레이즈 은행을 직접 방문했다. 은행에서는 자금을 대주기 위한 조건을 세 가지 내걸었다. 선박 수주 계약, 조선 기술, 차관 상환 능력의 증명을 요구한 것이다. 바클레이즈에서 이 조건을 충족하면 자금을 대주겠다고 말은 했지만, 이는 그때의 상황을 고려해보면 사실상 안 해주겠다는 의미였다.

조선소 지을 돈이 필요한 상황이었고, 짓지도 못한 상황이었다. 짓지도 못 했는데 선박 수주 계약을 요구하고, 조선 기술을 증명하라니! 그것은 상식적으로 거의 불가능한 일이었다. 그때 정 회장의 손에 있던 것이라곤 울산 지역 해변 백사장 사진 1장과 26만 톤급 유조선 설계도 1장뿐이었다.

여기서 정 회장은 자신의 천재적 이기성을 발휘한다. 조선소를 먼저 건설하고 그다음 선박 수주를 받고 건조하는 것이 순서인데, 정 회장은 그 편견과 고정관념을 완전히 깨버린다. 그는 조선소 건설과 선박 건조를 동시에 착수하기로 결정한 것이다.

정 회장은 바클레이즈에 영향력을 행사할 수 있는 인물인 선박컨설턴트 회사 '애플도어'의 롱바텀 회장을 찾아갔다. 롱바텀 회장 역시 고개를 가로저었다. 그 순간 정 회장은 재빨리 지갑에서 거북선 그림이 있는 500원짜리 지폐 한 장을 꺼내 펴 보이며 말했다.

"영국이 철선을 만들기 시작한 것은 19세기가 되어서지만 한국은 이미 1500년대에 철갑선을 만들어 전쟁에 승리했소. 영국보다 300년이나 앞선 것이오. 그런데 여러 이유로 산업화가 늦어져 아이디어가 녹슬었을 뿐이오. 하지만 실제로는 조선 기술은 영국보다 한국이 앞서 있소. 시작만 하면 잠재력은 충분할 것이오."

이런 정 회장의 배짱에 막혔던 길이 열리고 만다. 그렇게 차관 문제를 해결한 정 회장은 때마침 그리스 '선엔터프라이즈'의 리바노스 회장이 싼값에 배를 구하고 있다는 소식을 듣는다. 어느 경쟁 회사보다 싼 가격에

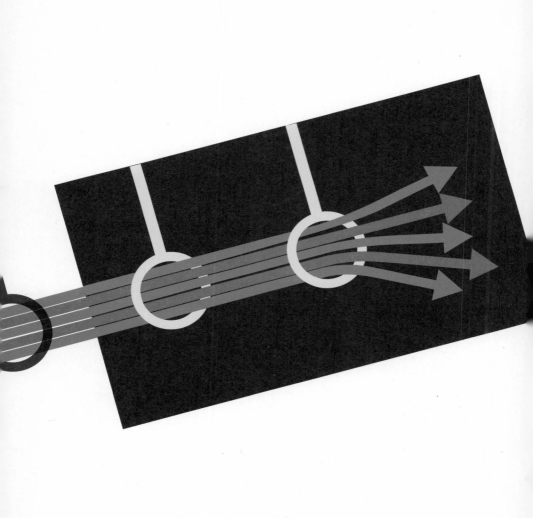

어퍼를 제공하여 26만 톤급 유조선 두 척을 계약한다. 조선소 건설과 선박 건조 공사가 동시에 진행되는 정주영 신화가 탄생한 순간이다.

정 회장은 승부의 순간에 주변에서 쏟아낸 안 된다는 말들에 굴복하지 않았다. 그는 스스로 생각하여 된다고 결론 내렸고, 되는 이유를 찾아 행동했다. 편견과 고정관념에 무릎 꿇지 않고 과감히 그 틀을 깬 것이다. 당연히 안 되는 것이라는 상식을 깨고, 조선소가 건설된 후에만 선박을 수주할 수 있다는 고정관념을 깨고 자신의 뜻을 이룬 것이다.

천재적 이기성은 한계와 틀을 깨고 무한히 뻗어 나가는 것이다. 길이 없으면 만들어서 가고, 내가 가면 길이 된다. 오마에 겐이치의 말대로 벽을 눕히면 길이 되는 것이다. 그것이 천재적 이기성이다. 정 회장은 천재적 이기성으로 신화를 이어갔다. 조선업이 요즘 부쩍 힘들어지기는 했지만 2,000년대 들어 우리나라 조선 분야는 1위를 차지한 바 있고 명실상부 세계 최대 조선 국가가 되었다. 그것을 만든 장본인이 바로 정주영 회장이다.

오늘의 시련을
훗날의 도약을 위한 발판으로 만들어라,
스티브 잡스처럼

천재적 이기성은 궁극의 승리를 추구한다. 한때의 승리, 과정에서의 승리가 아닌 최종적인 승리 말이다. 세상 사람들이 패배 혹은 시련이라고 부르는 그 사건을 계기로 더 큰 도약을 이뤄내는 것, 그것이 천재적 이기성이 사건을 대하는 기본자세이다. 사람들이 낙담하고, 암울해하는 비극적인 사건 속에서 최후의 승자들은 기회를 찾고 반전을 만들어낸다.

스티브 잡스도 오늘의 패배와 시련을 계기로 훗날 더 큰 도약을 만들어냈다. 그가 창업한 애플이 점점 성장해가고 있을 때였다. 그는 펩시콜라에 재직하던 유능한 경영자 존 스컬리를 스카우트했다. 존 스컬리는 펩시콜라에 있을 때 눈을 안대로 가리고 콜라 맛을 비교하도록 한 이벤트인 '펩시 챌린지'를 기획하여 획기적인 매출 신장을 이뤄낸 유능한 인재였다.
그런데 스티브 잡스와 존 스컬리는 점점 애플에 대해 서로 다른 비전을 갖기 시작했다. 바라보는 곳이 다르니 자연스럽게 두 사람은 점점 어긋나기 시작했다. 그럴 때 애플의 이사회는 스컬리 편을 들었다.
스티브 잡스는 창업가이며 회장이었지만 31세 때 자신의 회사에서 쫓겨나는 믿을 수 없는 일을 당한다. 그 자체도 힘든 일이지만 그를 더욱 슬프게 한 것은 믿었던 사람에게 버림받았다는 사실이다. 이사회에는 자신이 아버지처럼 믿고 따랐던 아서 록, 스승 마이크 마쿨라 등이 있었는데, 그들이 자신을 버리고 스컬리를 선택했다는 사실은 그를 더욱 슬프고 절망하게 만들었다.

스티브 잡스는 태어나자마자 부모에게 버림받은 몸이었다. 아무리 마음씨 좋고 진정성 있는 양부모가 잘 거둬줬을지라도 그 상처는 늘 마음속에 남아 있었다. 그런데 믿었던 사람에게 다시 버림받고, 자신이 만든 회사에서 쫓겨난 것이다. 그는 이 상황이 당시 자신에게 얼마나 힘들고 참담했는지를 훗날 고백하기도 했다.

스티브 잡스는 몇 개월 동안 집에 틀어박힌 채 아무것도 할 수 없었다고 한다. 마치 삶의 의미를 송두리째 잃은 듯, 나락에 빠져 사람을 원망하고, 세상을 원망하고, 자신의 운명을 원망하며 지냈다. 그토록 암울한 시간을 보내던 중 그는 하나의 깨달음을 얻었다. 그것은 바로 자신의 일을 여전히 사랑하고 있다는 사실이었다. 이를 계기로 그는 포기하지 않기로, 다시 일어서기로 마음먹었다.

그 후 5년 동안 스티브 잡스는 넥스트를 창립하고 픽사를 인수했다. 픽사는 전 세계적으로 대성공을 거둔 애니메이션 영화 〈토이 스토리〉를 만들어내면서 세계에서 가장 유명한 애니메이션 회사가 되었다. 그 후

1996년 애플 본사에서는 중대한 발표를 했다. 애플이 넥스트를 인수한 다는 발표였다. 그는 12년 만에 자신이 창업했던 애플로 당당히 돌아왔다. 그야말로 황제의 귀환이었다.

스티브 잡스는 스탠퍼드대학교 졸업식 축사에서 이렇게 말했다.

"그때는 몰랐지만 애플에서 해고당한 것은 내 인생 최고의 사건이었습니다. 애플에서 나오면서 나는 비로소 성공에 대한 중압감을 다시 시작할 수 있다는 가벼운 마음으로 대체할 수 있었습니다. 그 덕분에 내가 가장 창조적인 시기로 갈 수 있도록 자유로웠지요. (중략) 만약 내가 애플에서 해고당하지 않았다면 이 모든 일은 일어나지 않았을 겁니다. 몸에 좋은 약은 입에 쓰다고 하지요. 아마 그때는 약이 필요한 시기였나 봅니다. 때로 인생이 당신을 벽돌로 내리칠 수 있습니다. 그래도 여러분의 신념을 잃지 마세요. 내가 포기하지 않고 계속 나갈 수 있었던 유일한 힘은 내 일을 사랑한 데서 나왔습니다. 여러분이 사랑하는 일을 스스로 찾아야 합니다. 그래야 위대한 성취를 이룰 수 있습니다."

스티브 잡스는 최고로 암울하고 비극적인 사건을 삶에서 가장 필요한 사건, 인생 최고의 전환점으로 삼았다. 만일 그가 그때 비관만 하고 모든 것을 포기했다면 60억 인구의 삶을 바꿔 전 세계의 존경을 받는 혁신

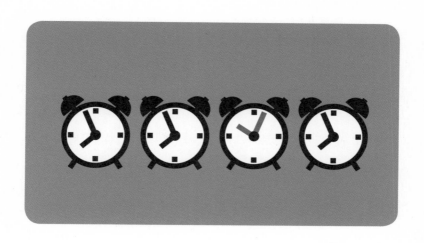

의 아이콘 '스티브 잡스'는 없었을 것이다.

스티브 잡스는 인생의 사건은 절대적으로 중립적임을 깨달았다. 나쁜 사건이 삶에서 더없이 소중한 기회와 반전을 만들어줄 수 있고, 좋은 사건이 비극의 씨앗이 될 수 있다는 사실 말이다.

인생의 어떤 일에서도 기회와 긍정적인 면을 바라보며 대응해 나가는 적극적인 마인드, 천재적 이기성은 누가 뭐라고 하든 자기 자신이 주체적으로 생각하고 해석하고 받아들인다. 자기 인생에서 벌어진 사건의 의미와 해석을 절대 남에게 맡겨두지 않는다.

삶이 어떤 상황에 있건 어떤 사건이 일어나건, 그것을 계기로 많은 것을 배우고 더 멋진 발전을 이뤄낼 수 있다고 믿어라. 세상이 온갖 협박을 하고 두려움과 패배 의식을 심어주려 해도 흔들리지 말라. 그런 말들에 눈도 감고 귀도 닫아라. 오로지 승자 마인드인 천재적 이기성만 따르라. 스티브 잡스처럼!

자신의 열정과 확신을 믿고 불도저처럼 밀고 가라, 마크 저커버그처럼

천재적 이기성은 타인의 기준에 맞추는 삶을 과감히 거부한다. 남이 원하는 삶이나, 남이 무엇을 중요하게 생각하는지보다는 '내가 좋아하는 게 무엇인가, 무엇이 나를 설레게 하는가, 무엇이 나의 능력을 일깨우는가' 등에 집중한다. 그 열정을 따를 때 기적이 일어남을 알기 때문이다. 자신의 열정을 일깨우는 그 일에 무서운 집중력이 발휘되고 바로 거기서 기적이 일어나는 것이다.

신화를 이룬 사람, 자신의 분야에 일가를 이룬 사람들은 자기 내면의 뜨거움을 따른 이들이다. 페이스북을 만든 마크 저커버그도 그렇다. 이미 20대에 억만장자가 된 그는 전 세계에 영향력을 끼치는 유명인사다. 마크 저커버그는 1984년 5월생이고 유대인이다. 미국 뉴욕주에서 태어났으며 하버드대학교 컴퓨터과학 및 심리학과를 중퇴하였다. 그의 페이스북은 전 세계 사람들을 한곳으로 묶는다. 세상 사람들이 국경을 초월하여 페이스북 하나로 연결되는 것이다. 이는 그야말로 사람들의 삶을 변화시키는 혁신의 플랫폼이 아닐 수 없다.
이런 신화를 만들어낸 마크 저커버그의 가치관이나 철학에 대해서 많은 이가 분석하고 연구하는 것은 당연하다. 그의 가치관과 인생철학은 '자신이 믿고 옳다고 생각하는 것이 있다면 밀고 나간다'이다. 그는 남이 아닌 자신이 열정을 느끼고, 설레고, 옳다고 믿는 것이 있으면 남의 반응이나 허락을 염두에 두지 않고 곧바로 시작했다.

마크 저커버그는 여러 강연이나 책에서 언급했듯이 열정과 창조력을 강조했고, 주변의 시선과 실패에 대한 두려움은 우리의 꿈과 열정의 불꽃을 꺼뜨려버린다고 했다. 그는 주변의 말들이나 잡음에 영향받지 않는 내적 강함이 있었다. 그가 학교 내에서 소셜네트워킹 서비스를 선보였을 때 누구도 학교 밖으로 확산시켜야 한다는 생각을 하지 못했다. 하지만 그는 꼭 그래야만 한다고 생각했다. 그가 그렇게 할 수 있었던 것은 모바일 네트워킹 혁명으로의 시대 트렌드에 대한 확신이 있었기 때문이다.

마크 저커버그는 스스로에 대한 확신과 신념이 있었기에 흔들리지 않고 밀어붙일 수 있었다. 이때도 대부분의 사람은 그의 생각에 반대했다. 사실, 새로운 것을 시도할 때 주변의 심한 반대는 당연한 풍경이다. 마키아벨리는 《정략론》에서 사람은 조금의 실패가 예상되는 새로운 일은 언제나 반대한다고도 했다.

당신이라면 주변의 반대를 무릅쓰고 자신이 확신한 그 일을 추진할 수 있겠는가? 막상 그 상황에서 그리할 수 있는 사람은 많지 않을 것이다. 인텔의 소셜미디어 전략가이자 소셜마케팅 전문가인 예카테리나 월터는 마크 저커버그에 대해 이렇게 평했다.

"그는 아이디어가 있으면 그것을 실천하고 의문점을 풀어보려는 의지가 강하고 일을 벌이면 끝을 보고야마는 강력한 추진력이 있다. 이것이 벤처 사업을 일으킨 그의 열린 생각의 원동력이다."

마크 저커버그는 천재적 이기성을 완벽히 발휘하였다. 남의 눈치를 보지 않고, 외부의 잡음을 끄고, 자기 내면의 소리와 열정을 따랐다. 자신이 좋아하는 것을 찾아 노력했고 불도저처럼 밀고 나아갔다. 그리고 신화가 되었다.

그처럼 열정을 갖고 실행할 때 길이 열리는 법이다. 주변의 반대와 비난은 시간이 지나면 부러움과 응원으로 바뀌게 되어 있다. 눈치 보지 말고 자신의 확신과 열정으로 밀어붙여라. 마크 저커버그처럼!

문제에서 기회를 찾아라,
하워드 슐츠처럼

       부동산 상권의 좋고 나쁨을 이야기할 때, 유명 프랜차이즈 업체가 들어와 있다면 좋은 상권으로 평가된다. 그 프랜차이즈 중 으뜸은 단연 스타벅스다. 스타벅스가 들어와 있거나 들어올 예정인 부지는 좋은 상권을 판별하는 가장 간단하고 공신력 있는 방법으로 통한다. "거기 스타벅스 들어와 있어"나 "거기에 스타벅스가 들어올 예정이야"라는 말이면 그 상권이 A급 가치임을 더 이상 설명할 필요가 없을 정도다. 스타벅스는 그만큼 상징적인 브랜드다.

스타벅스의 커피는 다른 브랜드의 커피보다 비싸다. 하지만 스타벅스에 대한 사람들의 선호도는 압도적이다. 사이즈도 스몰이나 라지가 아닌 쇼트, 톨, 그란데, 벤티로 세분화했다. 그러다 보니 많은 이가 커피량을 스타벅스의 컵 사이즈로 가늠한다.

이러한 스타벅스를 만든 이가 바로 하워드 슐츠이다. 그는 1953년 뉴욕 브루클린 빈민가의 가난한 집에서 태어났다. 어린 시절 그는 자신이 가난과 슬럼화의 대명사로 불리는 곳에 산다는 것이 몹시 부끄러웠다. 그는 자신이 사는 곳을 숨기며 다녔고, 어쩔 수 없이 이야기해야 할 때는 갖은 수모를 견뎌야만 했다. 그가 일곱 살 되던 해, 트럭 운전기사였던 아버지가 아무런 의료보험 없이 사고를 당해 안 그래도 안 좋았던 가세가 더욱 기울었다.

이처럼 변변치 못한 집안이었고 힘든 상황이었지만 하워드 슐츠는 스스로에 대한 믿음만은 잃지 않았다. 미식축구를 잘했던 그는 운동으로 장학금을 받아 노던미시간대학교에 입학했고, 대학 졸업 후에는 제록스 영업 사원으로 일한다.

3년 뒤 그는 스웨덴 커피머신 업체 해마플라스트의 미국 부사장으로 부임한다. 당시 그는 시애틀에 있는 작은 가게 한 곳이 계속 특정 드립 커피메이커를 대량으로 주문한다는 사실에 주목했다. 이에 호기심을 느낀 그는 그 회사에 직접 방문한다.

원조 스타벅스를 처음 방문한 하워드 슐츠는 커피의 신세계를 발견한다. 그곳에는 각국의 커피 원산지로부터 들여온 커피콩을 담은 통들이 진열되어 있었다. 그 매장의 전체적인 느낌과 맛은 기존의 미국인들이 즐기는 커피와는 확연히 달랐다.

당시 스타벅스 매장은 전부 합해 다섯 곳에 불과했다. 하워드 슐츠는 스타벅스의 성장 잠재력을 감지했고 과감히 스타벅스로의 이직을 감행한다. 그는 자신의 비전을 위해 높은 연봉과 회사에서 제공되는 각종 복지를 포기했다. 하지만 예상 외로 스타벅스로의 이직은 순탄치 않았다. 스타벅스에서의 면접 이후 당연히 채용될 거라 생각했지만, 스타벅스 측에서 채용거부 의사를 밝혀왔다. 그러나 그는 포기하지 않았고 끈질기게 소유주를 설득해 결국 채용되었다. 자신의 열정과 비전을 믿었으므로 문제에 굴복하지 않고 끝까지 도전하여 뜻을 이룬 것이다.

이후 이탈리아로 출장을 떠난 그는 이탈리아 노천카페의 분위기에 감탄했다. 눈을 감고 이 카페들이 미국에서 적용되는 것을 상상했다. 고객이 주문한 커피가 소리와 향을 내며 만들어지는 과정을 보던 그는 '이거다!' 싶어 얼른 시애틀로 돌아갔다.

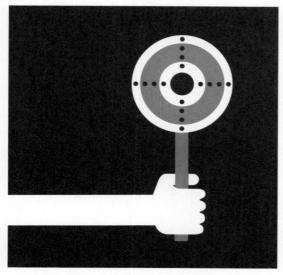

하워드 슐츠는 경영진에게 이탈리아의 노천카페들처럼 스타벅스 매장에서 커피를 판매한다면 크게 성공할 것이라는 구상과 비전을 밝혔지만 그들은 거절했다. 당시 스타벅스는 계속 이익을 내고 있었고 굳이 리스크를 감당하면서 신사업을 시작할 이유가 없다는 것이었다. 이번에도 그는 자신의 열정과 비전을 확신했기에 끈질기게 그들을 설득했고 결국 스타벅스 6번째 매장에 자그마한 에스프레소 머신을 설치하고 운영할 수 있었다. 그 성공에 탄력받은 그는 규모를 늘리려 했으나 또 경영진에 거부당했다.

하워드 슐츠는 사표를 쓰고 이탈리아 커피 브랜드인 '일 지오날레'를 설립했다. 그는 이 회사를 차리는 데 165만 달러가 필요했다. 그는 242명의 투자자와 접촉했는데, 그중 217명에게 퇴짜를 맞았다. 하지만 이런 수많은 거부와 반대를 겪으면서도 열정과 용기를 잃지 않았다.

우여곡절을 겪으며 나아가던 하워드 슐츠에게 기회가 찾아온다. 스타벅스의 소유주가 시애틀에 있는 지점, 커피 로스팅 시설, 스타벅스라는 브랜드 명칭을 모두 400만 달러에 매각하기로 한 것이다. 그는 어떻게든 그 돈을 끌어모아 인수에 성공했다. 숱한 시련에도 굴하지 않고, 도전하여 기회를 찾고, 장애물을 넘었다. 그는 자신의 자서전에서 이렇게 밝혔다.

'대부분 꿈이 산산조각으로 부서지기 일보 직전인 위기의 순간을 마주하게 된다. 그런 순간에 대비하기란 사실상 불가능하다. 관건은 위기에 어떻게 대응하느냐다. 살다 보면 예기치도 못한 곳에서 커브볼이 날아들어 우리 머리를 강타하고 기회를 앗아가려 하기에 우리가 취약해지는 순간이 찾아온다.'

하워드 슐츠는 위기와 문제의 순간을 반전의 기회라고 여기며 더욱 강한 의지와 힘을 발휘했다. 이것이 바로 그의 천재적 이기성이다. 자신의 계획에 대해 남들이 비현실적이라거나 성공 가능성이 없다고 판단한 상황에서도 그는 되는 이유를 찾고, 문제 속에서 기회를 찾으며 부딪쳤다. 결과적으로 그 모든 문제는 기회가 되었고 한 단계 더 발전하고 상황을 유리하게 전환하는 계기가 되었다.

문제에서 기회를 찾아라.
문제 속에 항상 기회가 숨어 있다.
전환과 반전을 만들어라.
하워드 슐츠처럼!

당돌하고 뻔뻔하라,
유대인처럼

유대인은 전 세계 인구 중 그 비율이 0.25%에 불과하다. 일반적으로 생각하자면 그들은 세계에서 존재감이 크지 않아야 하고 아는 사람보다 모르는 사람이 훨씬 더 많아야 한다. 그런데 이상하게도 유대인을 모르는 사람이 별로 없다. 그들의 성공 비결을 연구한 수많은 서적이 나와 있고 TV 프로그램으로도 제작되고 있다. 0.25%에 불과한 유대인들은 노벨상 수상자의 33%를 차지하고 있고 미국 아이비리그에서는 학생의 30%가 유대인일 정도로 그 비중이 높다. 여기에 세계를 움직이는 언론인, 금융인, 유명 기업인이나 억만장자의 30~40%가 유대인 출신이다.

찰리 채플린, 스티븐 스필버그, 자크 아탈리, 토머스 프리드먼, 제레미 리프킨, 누리엘 루비니, 하워드 슐츠, 벤 버냉키, 조지 소로스, 마크 저커버그, 에스티 로더 등등 이들 유대인의 업적들은 가히 경이롭다고 할 수 있다.

이처럼 뛰어난 업적과 성취를 지속적으로 이루는 유대인들에게는 분명 특별한 무언가가 있을 것이다. 유대인을 연구하는 전문가들이 공통적으로 손꼽는 것은 그들의 '정신적 문화유산'이다. 물질적이고 눈에 보이는 무언가가 아닌 만질 수 없고 눈으로 볼 수 없는 정신적 문화유산, 바로 '후츠파(chutzpah)정신'이다. '후츠파'는 원래 히브리어로 '무례함, 뻔뻔함, 철면피'라는 뜻이다. 후츠파는 이스라엘의 독특한 정신문화로서, 권력자 또는 권위자에게 자기 생각을 과감하게 표현하는 용기의 밑바탕이 된다.

직장에서는 하급자가 상사에게 반기를 들고 자신의 뜻을 이야기하는 것, 군대에서는 이병이 병장에게 자신이 필요하다고 생각하는 것을 주장하는 것, 그것이 후츠파다. 또한 자신이 권력과 권위를 가진 자리에 있어도 거기에 안주하지 않고 상대의 의견을 존중하고 경청하며 스스로 자만심을 내려놓고 냉철하게 자신을 평가하는 정신이기도 하다. 이러한 이스라엘 특유의 도전정신과 포용의식이 유대인들의 탁월한 업적의 근본이다.

후츠파는 모든 유대인 교육의 바탕을 이룬다. 우리와 다르게 유대인은 부모라고 해서 무조건 자녀들에게 자신의 뜻에 순종하라고 하지 않는다. 절대 부모라는 권위를 자녀들의 뜻을 찍어 누르는 용도로 사용하지 않는다. 그들은 자녀 스스로 끊임없이 질문하고, 스스로 생각하고, 답을 찾아내는 것을 중시한다. 그런 환경과 문화 속에서 자란 유대인들은 어떤 사건이나 현상에 대해 다른 사람이 어떻게 생각하는지보다 자신이 어떻게 생각하고 느끼고 해석하는지에 집중한다. 다른 사람들이 우르르 왼쪽으로 몰려가더라도 왼쪽으로 가는 것이 옳다고 생각하면 그들은 전혀 불안해하거나 곁눈질하지 않고 왼쪽으로 간다.

권위와 관습에 전혀 주눅 들지 않은 문화 속에서 후츠파 정신을 길러왔기에 과감하게 형식을 파괴한다. 나이나 직위 등 그 어떤 권위에도 존경과 예의를 앞세우기보다는 도전과 혁신에 자신을 던진다. 이것이 바로 후츠파 정신이다.

후츠파 정신의 가장 핵심적 행동 요소는 모든 정형화된 격식을 파괴하는 형식 타파다. 기존의 형식을 타파하려면 도전해야 한다. 유대인들은 다수와 생각이 다른 것을 이상하다거나 바보 같다고 여기지 않는다. 그렇기 때문에 기존 형식을 파괴할 수 있는 것이다. 이러한 도전과 파괴 속에서 혁신과 진보가 나온다. 그렇게 사회가 진보함을 아는 그들은 다양성을 존중한다. 다양성이 존중되어야 사회가 계속 진보함을 알기 때문이다. 100명이 길을 가다 동시에 어떤 사건을 보면 그 사건에 대해 100개의 해석과 의견이 있어야 한다고 믿고 그 100개의 의견 모두 가치 있다고 여긴다. 그 다양성에서 사회의 진보가 나옴을 알기 때문이다.

유대인을 연구하여 펴낸 책 《유대인의 생각하는 힘》에서 저자 이상민은 유대인의 성공 비결로 '생각하는 힘'을 꼽는데, 그 근원은 '유대인의 문화'라고 강조한다.

다양성을 존중하는 그들의 문화에서 많은 혁신이 나오는 것은 지극히 당연한 결과다.

또 하나, 유대인 하면 빼놓을 수 없는 게 바로 그들의 돈을 벌고 관리하는 능력이다. 역사적으로 자기 땅 없이 유랑생활을 했던 유대인들은 신기하게도 부유한 삶을 만들어냈다.

랍비 셸소 쿠키어콘은 이러한 유대인의 부의 비밀을 정리하여 책《유대인이 대물림하는 부자의 공리》를 썼다.

'재정적 부에 대해 말할 때 우리는 주로 물질적인 부유함을 추구한다. 하지만 진정한 부유함이란 영적인 수준에서 비롯되며 거기에 충실할 때 물질적인 세계로도 더 쉽게 옮겨갈 수가 있다.'

이처럼 유대인의 비밀은 눈에 보이지 않는 정신과 문화에 있다. 이러한 유대인들의 정신적 문화유산이라는 것은 천재적 이기성의 기본과 놀랍도록 일치한다. 권위에 압도당하지 않고 자신이 원하는 바를 밀고 나가며 본질에 충실한 삶을 추구한다는 것 등 많은 게 일치한다.

우리의 문화가 유대인의 그것과 다르더라도 우리는 위대한 민족 유대인을 번영시킨 그 정신을 배워야 한다. 몸을 움츠리고 자기 내면의 목소리를 묵살하고 쥐죽은 듯 살아왔던 지금까지의 자세는 버려라. 당돌하고 뻔뻔하게 가슴을 쫙 펴라. 자신의 열정을 따르고 자신을 내세워라. 유대인처럼!

Chapter 5

천재적 아기씸이 결국 이긴다

본성에 충실한 삶을 살 수 있다

사람은 누구나 자신의 본성대로 살고 싶어 한다.

누구나 자신만의 개성과 성향이 존재하며 그것은 개인마다 다르다.

하지만 분명한 것은

자신의 개성과 성향에 맞는 삶을 살 때 내적 충만감을 느끼며

진정으로 만족스러운 삶을 살아갈 수 있다는 사실이다.

천성적으로 과묵한 것을 좋아하는 사람이

다른 이유 때문에 억지로 말을 많이 해야 한다면

삶의 만족도는 굉장히 떨어질 것이다.

반대로 천성적으로 말이 많고 쾌활한 사람이

위계질서 엄격한 환경에서 과묵히 절제된 삶을 살아야 한다면

우울증에 걸리고 말 것이다.

사람은 누구나 자신을 표현하고 싶어 한다.

자신의 개성을 표현하며 자신의 정체성대로 인정받고 싶은 것이다.

사회적 지위가 높고 돈을 많이 벌어도

자신의 정체성과 동떨어진 삶을 살아야 한다면? 답답하다.

내가 누구인지,

나만의 색깔이 무엇인지,

나만의 소리가 무엇인지를 아는 것.

그것이 정체성이다.

정체성이 타고나는 것이든, 후천적 경험으로 생기는 것이든

자신의 정체성대로 살아야 자기 인생의 주인으로서의 삶인 것이다.

세계에서 가장 영향력 있는 경영구루 찰스 핸디는

자서전에서 정체성에 대해 이렇게 말했다.

'지금 생각해보면 삶이란 자신의 정체성을 찾는 과정이라는 생각이 든다. 자신이 진정 어떤 사람인지, 진정 어떤 일에 재능이 있는지를 끝내 모른 채 죽는다면 참으로 서글픈 일이다. 삶이란 정체성이라는 사다리를 오르는 과정이고, 우리는 사다리를 오르면서 서서히 자신의 정체성을 증명하고 발견해간다. 사람은 생존이 보장되면 스스로를 표출하고 주장하고 싶어진다. 어떤 의미에서는 다른 사람과 분리되는 자신만의 독립된 정체성을 구출하고 싶은 욕구라고 볼 수도 있으리라. 대부분의 사람에게 중년의 성공이란 바로 사다리에서 이런 단계에 도달했다는 의미다. 하지만 사다리는 여기서 끝나지 않는다.'

삶이란 그 자체가 정체성을 찾아가는 여행이다.
우리가 겪는 모든 게 나와 맞는 것인지,
내가 해야 할 일이고, 내가 있어야 할 자리인지를
알아가는 과정이다.
다른 모든 게 충족되어도 자신의 정체성이 분명하지 않고
자신이 누구인지를 모른 채 생을 마감한다면
그건 성공한 삶, 제대로 산 삶이라고 하기 힘들 것이다.

자신이 진정 누구인지를 아는 것, 자신의 본성에 맞는 삶,
골수 속에 박힌 본질적인 나 자신을 알고 그대로 사는 것이
우리 모두가 추구해야 할 성공적인 삶이고 제대로 사는 삶이다.
자신의 개성대로, 본성대로 살아가려면 그 값을 치러야 한다.
공짜란 없다. 대가를 치러서 쟁취해내야 하는 소중한 것이다.
그것이 천재적 이기성이 필요한 이유다.
천재적 이기성은
자기 자신을 위해 눈치 보지 않고
최선을 다하는 삶이다.
어떠한 제약과 한계도 없이

자신의 삶을 일으키기 위해 최선을 다하라.
그러한 천재적 이기성으로 일가를 이루고
자신의 입지를 단단히 다졌을 때
당신은 당신 본성대로의 삶을 살아갈 수 있다.
자신의 개성과 본성을 마음껏 표현하며
당당히 자신의 의지를 표현하는 그런 삶 말이다.
당신의 가치관과 정체성에 맞지 않는 일은
과감히 "NO"라고 말하고
자신의 개성과 욕구대로 사는 당당한 삶 말이다.

사회생활에서 일 때문에 만나는 사람들과의 시간은
왠지 모르게 불편하다.
그것은 사회생활 속 '일'이라는 제약에 묶여
자신의 본성과 성향을 억누르고 그 역할을 해야 하기 때문일 것이다.
반면, 친한 친구들을 만나면 그렇게 편하고 즐거울 수 없다.
그들과의 시간이 너무 빨리 지나가버리고, 아쉽게 느껴지고,
다시 만날 날을 손꼽아 기다린다.
이는 친한 친구들 사이에서는 자신을 감출 필요가 없기 때문이다.

자신의 본성과 개성을 온전히 표현할 수 있기 때문일 것이다.

이것이야말로 자신을 그대로 드러내는 일이

삶의 만족도와 행복감에 얼마나 큰 영향을 미치는지에 대한 증거다.

그렇게 살아가려면 누구도 토를 달지 못하도록

당신의 삶을 만들어야 한다.

자신의 삶을 자기 힘으로 일으켜야 하고,

설령 뜻하지 않은 운명의 파고가 자신을 집어삼켜도

그 또한 자신이 감내하고 받아들이며 완벽히 책임져야 한다.

자신의 삶에 기꺼이 책임지며 사는 이에게

간섭할 수 있는 사람은 아무도 없다.

천재적 이기성으로 삶을 일으키면

자신의 본성과 개성에 따라 살아갈 수 있다.

하지만 자기 삶을 스스로 경영하지 못하면 타인의 경영을 받게 되고

결국 종속적인 삶을 살아가고 마는 것이다.

그리되면 자신의 개성과 본성을 취하기란 요원하다.

자신의 길을 가기 위해서는
자신의 삶은 자신이 구하는 것이고,
자신의 삶을 위해 스스로 노력할 때
가장 좋은 것을 얻을 수 있다는
천재적 이기성의 기본 철학을 가져야 한다.
나의 개성과 본성을 마음껏 발산할 때 이를 거부하는 사람이 있다면
그와의 관계를 정리하면 된다.

사실, 그런 상황에 처해서도
현실적인 이유 때문에 그 사람과의 관계를 끝내지 못하는 게 태반이다.
거기서 인생의 많은 불행이 시작된다.
대표적인 예로 직장생활을 들 수 있다.
직장 상사가 정말 너무나도 싫을 때,
그 사람만 안 보면 삶이 행복할 것 같을 때,
그 사람 앞에서는 내가 나의 삶을 누릴 수 없을 때!
우리 대부분은 현실적인 이유 때문에
그 사람과의 관계를 끊을 수가 없다.
이 얼마나 불행한 삶인가!

하루의 1/3을 보내는 직장에서

가장 가깝게 지내야 하는 사람이 그렇게 싫은데

속을 감추고 계속 가까이해야 하는 삶이라니…….

그런 관계가 직장에서의 시간에만 영향을 미치면 다행이겠지만

그 부정적 영향은 집에서도 이어진다.

삶이 불행과 우울 속에 빠져드는 것이다.

이런 상황에서 천재적 이기성으로 자신의 능력과 입지를 다져놓고

자신의 압도적 존재감을 만들어놓은 사람은

그 직장을 고집할 필요가 없어진다.

그 직장을 박차고 나와 사업을 하든, 다른 회사로 이직을 하든

더 나은 환경을 능동적으로 찾아갈 수 있는 것이다.

환경의 수동적인 피해자가 되는 것을 거부하고

자신이 원하는 환경을 능동적으로 찾는 성공적 삶을 사는 것이다.

자신이 원하는 환경과 삶을 위해 적극적으로 투쟁하라.

그 투쟁으로 자신이 원하는 환경을 만들어가라.

이로써 자신의 본성대로 살 환경을 만들 수 있다.

자신의 정체성대로, 본성대로, 개성대로 사는 것은
삶의 전부라고도 할 수 있을 만큼 중요하다.
그러한 삶은 분명 쉽지 않은 여정이지만,
자신의 모든 것을 걸 만큼 가치 있고 소중한 일이다.

당신의 개성과 본성은 소중하다.
세상은 당신의 그런 점을 필요로 한다.
어떠한 대가를 치러서라도 쟁취해내야 할 소중한 것이다.
당신의 본성대로 살고 싶은가?
그렇다면 당신의 천재적 이기성을 지금부터 유감없이 발휘하라.

바로 당신이
따라야 할 멘토가 된다

　　　　　몇 해 전 '멘토-멘티'라는 말이 유행했다. 지금은 널리 쓰이는 흔한 말이 되었지 싶다. 멘토링은 어떤 분야의 초보자가 풍부한 경험과 지혜를 겸비한 신뢰할 수 있는 전문가에게 1:1로 지도와 조언을 얻는 것이다.

'멘토(mentor)'라는 말의 기원은 그리스 신화에서 비롯된다. 고대 그리스의 이타이카 왕국의 왕인 오디세우스가 트로이 전쟁을 떠나며, 자신의 아들 텔레마코스를 보살펴달라고 한 친구에게 맡겼는데, 그 친구의 이름이 바로 멘토르였다. 그는 오디세이가 전쟁에서 돌아오기까지 텔레마코스의 친구, 선생님, 상담자, 때로는 아버지가 되어 그를 잘 돌보아주었다. 그 후 멘토라는 그의 이름은 지혜와 신뢰로써 한사람의 인생을 이끌어주는 지도자라는 의미로 사용되었고 한다.

사는 게 팍팍해지고 미래에 대한 불안감이 커지고 있는 시대 분위기 속에서 멘토 역할을 해줄 이를 찾는 사람이 많다. 대부분은 멘티로서 멘토를 찾아 헤맨다. 하지만 천재적 이기성으로 일가를 이루고 나면 당신은 멘토 역할을 하게 될 것이다.

당신이 성장하고 승리하기 위해 분투해야 할 때 그 승부에 집중하고, 기꺼이 이기적이 되어야 할 때 주변에서 비난의 목소리를 듣는 것을 마다

하지 않고 자신의 발전을 도모할 수 있다면, 당신은 많은 걸 이룰 것이다. 가치 있고 소중한 것을 많이 이뤘다면 당신은 세상을 위해 줄 게 많은, 사회에 꼭 필요한 훌륭한 사람이 되어 있을 것이다.

많은 이가 당신을 멘토로 따를 것이고, 당신은 당신의 재능과 가치를 나누어 주며 덕을 쌓고 선한 영향력을 행사할 것이니 이로써 성공한 사람의 반열에 오를 것이다. 바로 당신이 누군가의 멘토가 되어 이끄는 사람으로 자리매김하는 것이다.

천재적 이기성은
이끌림을 당하는 주체가 아닌,
이끄는 사람으로 사는 것을 목적으로 한다.
천재적 이기성은 휩쓸리는 삶을
강하게 거부한다.
주체적이지 못한 삶의 초라함을
견디지 못한다.

그런데 사람 사는 곳 어디를 가든 소위 이끄는 자들이 있고, 이들을 따르는 자들이 있다. 천재적 이기성은 스스로 능력을 계발하고 어떤 대가를 치러서라도 이끄는 위치에 서길 원한다. 왜냐하면 자신이 능력이 있음에도 두려움이나 게으름 때문에 혹은 나서기 싫다는 이유로 이끄는 자가 되지 않으면 자신보다 능력 없는 사람에게 이끌림을 당해야 하는 상황을 겪어야 하기 때문이다.

천재적 이기성은 이런 '벌'을 받는 것을 견딜 수 없기에 스스로 이끄는 자가 되기를 택한다. 스스로 그 자리를 선택한다. 자신보다 열등한 이의 지도를 받는 것은 매우 불쾌한 경험일 뿐 아니라 삶을 망치는 일이다.

이는 당신이 천재적 이기성을 발휘하여 승리하는 삶을 추구해야 하는 명확한 이유라고도 할 수 있다.

남을 이끄는 멘토도 절대 공짜로 될 수는 없다.

이끄는 사람이 되기 위해서는 그에 걸맞은 투자를 해야만 한다.

남을 이끄는 자리에 있으려면

그에 걸맞은 비용을 치르고 대가를 지불해야 한다는 뜻이다.

남들 쉬는 만큼 쉬고, 남들 즐기는 만큼 즐기고, 남들 하는 만큼 해서는 이끄는 사람이 될 수 없다. 그렇게 해서는 꼭 남들과 비슷한 삶밖에 되지 못한다. 즉, 누군가에게 이끌림을 당하는 사람이 되는 것이다.

남들보다 몇 배는 더 투자해서 열심히 노력해야 이끄는 사람이 될 수 있다. 남들과 다르게 투자를 해야 남들과 다른 그 무엇을 만들 수 있고, 그래야 이끌 수 있다. 또 남을 이끌고자 하는 사람은 과감히 나만의 길을 갈 용기를 가져야 한다.

남들이 모두 가는 길을 가서 어떻게 이끄는 위치에 설 수 있겠는가? 편하게 남들이 만들어놓은 길을 따라 걸어가면 이끄는 위치에 서기란 요원하다. 사람들은 과감히 자신의 길을 가서 자신만의 그 무엇을 만들고 자신만의 스토리를 만든 인물을 따른다. 즉, 사람들은 당신을 보고 '그 길엔 무엇이 있는지, 무엇을 조심해야 하고, 어떻게 기회를 잡고, 이런 문제가 있을 때 어떻게 해결했는지' 등의 궁금증과 경외감을 느껴야 한다. 남들이 좋다는 길, 이미 남이 만들어놓은 길을 따라 걸으면 절대 남을 이끌 수 없다. 이끌린다. 남에게 이끌릴 수밖에 없다. 나만의 길을 가기 위해 필요한 것은 리스크를 감수할 용기이다. 자신만의 길을 선택하기 위해서 자신에게 해야 하는 투자다.

이끄는 사람이 되기 위해서는
더 많은 시간 일해야 하고,
더 불확실함과 맞서야 하고,
더 도전적이어야 하고

더 많이 준비해야 한다.
이는 이끄는 자가 되기 위한 일종의 대가다.

물론 이끄는 자가 되기 전에는 누구나 훌륭한 멘토에게 많은 것을 배우며 따라야 할 시기가 있다. 그 시기 동안 당신은 멘토의 권위와 존재를 인정하고 많은 것을 배우고 익혀야 한다. 기술과 지식, 인생의 사고방식을 열심히 배워야 한다.

멘토가 필요한 이유는 당신의 황금 같은 시간을 가장 효과적으로 사용할 수 있게 해주기 때문이다. 멘토는 당신에게 불필요한 시행착오를 겪게 하지 않으며 시간을 아껴준다. 혼자서 3년이 걸릴 일을 1년 안에 할 수 있게 해주는 것이다.

이러한 일련의 과정을 겪은 후에는 반드시 그 멘토의 그림자를 벗어나야 한다. 교육과 훈련의 궁극적 목적은 '홀로서기'다. 이제 충분히 배웠다는 판단이 들면 독립하여 당신은 누군가의 멘토로서 이끄는 존재가 되어야 한다.

철학자 니체는 말했다.
"영원히 제자로 남는 것이야말로 스승의 은혜에 형편없이 보답하는 길이다."

기꺼이 대가를 치러서 이끄는 사람으로 거듭나라. 천재적 이기성이 그 길로 인도해줄 것이다.

'궁극적 자유'를 얻을 수 있다

자유를 잃어본 사람은 안다, 인생의 여러 가치 중에서 자유만큼 중요한 것은 없음을. 대한민국을 포함하여 상당 부분 자유가 허락되는 체제에서는 자유가 그다지 감사할 만한 일로 느껴지지 않는다. 하지만 분명히 인지해야 한다. 당신이 이사 가고 싶은 지역에서 살 자유, 직업을 선택할 자유, 여행하고 싶은 곳을 자유롭게 여행할 자유, 믿고 싶은 종교를 선택할 자유……. 이처럼 당연해 보이는 것들이 다른 나라의 누군가에겐 목숨까지 걸고 찾아 나서는 간절한 소망이다.

미국의 독립 영웅 패트릭 헨리는 의회에서 영국으로부터의 독립 문제는 자유인이 되느냐, 노예가 되느냐의 일이라는 말로 연설을 시작했다. 그는 자유를 얻기 위해 목숨을 걸어야 한다고 강변했다.

"'평화! 평화!'를 외치는 분들도 있을 것입니다. 그러나 평화는 없습니다. 전쟁은 사실상 시작되었습니다! 다음에 북쪽에서 불어올 강풍은 무기가 맞부딪치는 소리를 우리 귀에 들려줄 것입니다! 우리의 형제들은 이미 싸움터에 나가 있습니다! 그런데 왜 우리는 여기서 이렇게 빈둥거리고 있는 것입니까? 여러분이 원하는 것은 무엇입니까? 여러분이 갖게 될 것이 무엇입니까? 쇠사슬과 노예화라는 대가를 치르고 사야 할 만큼 우리의 목숨이 그렇게도 소중하고 평화가 그렇게도 달콤한 것입니까? 전능하신 하나님, 그런 일은 절대로 없게 해주십시오! 다른 사람들이 어떤 길을 택할지 모릅니다. 그러나 내 입장은 이것입니다. 나에게 자유가 아니면 죽음을 달라!"

자유가 아니면 죽음을 달라는 그의 말에 자유에 대한 염원이 녹아 있다. 사람은 죽으면 끝이다. 죽음으로써 모든 게 마무리되는 것이다. 그는 자유가 아니면 죽음을 달라고 할 만큼 자유가 없는 삶은 의미가 없음을 알았다.

당신은 왜 천재적 이기성을 일깨워 승리해야 하는가? 다른 모든 이유보다 자유를 얻기 위함이다. 당신의 존재를 독보적으로 만들지 못하면 완벽한 자유를 얻을 수 없다. 당신의 가치를 독보적으로 만들어서 논쟁의 여지가 없게 만들어놓지 않으면 늘 그 분야의 누군가에게 지적질당하고 눈치를 봐야 한다. 그렇게 늘 누군가에게 얽매여야 한다. 어느 한 직장에서 잘리지 않길 구걸해야 하고, 한 고객에게 자신과의 거래를 끊지 말라고 구걸해야 한다. 그런 삶은 자유가 아니다. 그 회사와 그 고객의 노예일 뿐이다.

우리는 운 좋게도 자유가 허락되는 나라에 태어났지만 우리는 한 차원 더 높은 자유를 추구해야 한다. 그것을 '궁극적 자유'라 부르자.

그 자유가 허락될 때 당신은 삶에서 창조성을 발현할 수 있고, 그 결과로 무한대의 가치를 만들어낼 수 있다. 절대로, 어떤 이유에서도 당신의 자유가 억압되는 상황을 만들지 않아야 한다.

당신의 두뇌는 자유가 허락되냐, 그렇지 않느냐에 따라 그 활용도에 엄청난 차이를 만들어낸다. 두뇌는 기본적으로 뇌 가소성을 가지고 있다. 뇌 가소성은 환경의 변화에 따라 그 구조와 기능을 바꾸는 신경계의 능

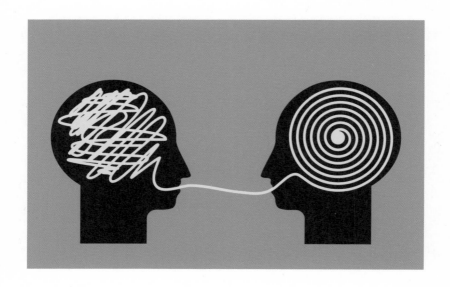

력 그리고 뇌가 스스로 회복하여 구조 조정을 할 능력을 말한다. 지속적인 뇌훈련이 시냅스 및 신경회로의 생성을 촉진하여 두뇌에 새로운 길을 만든다. 이처럼 두뇌는 얼마든지 계발되고 활용될 가변성 있는 자원이자 도구이다. 당신에게 궁극적 자유가 허락될 때 완벽하게 두뇌를 활용할 수 있다.

자유가 허락될 때 가장 당신답게 살 수 있고, 가장 당신답게 성공할 수 있다. 당신과 나의 삶에 자유라는 가치를 최상단에 놓고 살아가자. 궁극적 자유를 얻으면 더 이상 누군가의 권력, 부, 학력, 명성 등에 맹신하거나 맹종하지 않고 깨어 있는 눈으로 보고 자신의 머리로 판단할 수 있다.

전문가라고 해서, TV에 나오는 유명한 공인이라고 해서, 학벌이 뛰어나다고 해서 마치 그를 전인격체인 양 바라보고 맹종하는 일은 궁극적 자유인에게는 있을 수 없는 일이다. 그럼에도 정말 많은 사람이 상대가 갖고 있는 권력, 부, 학력, 명성 등에 항상 압도당한다.

궁극적 자유인은 그런 무게들 속에서도 냉정하게 나 자신의 관점과 의견을 갖고 유지한다. 상대가 어떤 학식, 지능, 부, 명성 등을 가지고 있더라도 '그는 그고, 나는 나다'라는 단호함을 지녀야 한다. 그것을 드러내 말할 수 있어야 하고 다른 누군가의 비난과 질책과 반대에도 굴하지 않아야 한다. 그것이 진정한 자유인이요, 진정한 자유인이 가는 길이다. 이렇게 주체적인 생각을 할 수 없고, 누군가에게 의지해야 한다면 그것은 노예이다. 노예 상태에서 벗어나고 궁극적 자유를 얻기 위해 목숨도 걸어야 한다.

눈치 보지 않고 천재적 이기성을 발휘하여 승리를 쟁취해야 한다. 그것이 한 번뿐인 당신과 나의 삶에 대한 예의다. 자유로운 삶의 반대는 굴종적인 삶이다. 당신이 천재적 이기성으로 자유를 얻지 못하면 그것은 곧 굴종을 의미한다고 할 수 있다.

노예의 삶을 살고 싶은 사람은 없을 것이다. 하지만 자신의 의지대로 자신의 삶을 살 수 없다면 그것은 노예와 다를 바 없다. 자신에게 집중하여 천재적 이기성을 발휘한다면 당신은 자유를 얻을 것이다. 자유는 목숨을 걸 만큼 소중한 가치이다. 자유로운 삶을 위해 목숨 걸 정도의 각오와 노력을 해보자. 그렇다면 자유로운 삶을 얻었을 때 그 대가들은 무엇일까?

첫 번째, 자신의 개성과 성향에 따라 삶의 스타일을 추구할 자유.

두 번째, 가고 싶은 곳을 원하는 시간에 마음껏 여행할 자유.

세 번째, 제3자의 호의나 선의에 의존하거나 기대를 걸지 않아도 될 자유.

네 번째, 누구를 만나든 자신의 관점과 의견을 낼 자유.

다섯 번째, 자신이 갖고 싶은 것을 가질 자유.

여섯 번째, 자신의 컨디션 및 생체 리듬에 따라 해야 할 일을 할 장소와 시기를 정할 자유.

일곱 번째, 어디를 가고 누구를 만나든 위계질서나 서열을 의식하지 않고 행동할 자유.

여덟 번째, 만나고 싶은 사람을 만나고, 만나기 싫은 사람을 만나지 않을 자유.

아홉 번째, 하고 싶을 때 마음껏 땀 흘리며 운동할 자유.

열 번째, 현실의 벽에 가로막히는 것 없이 마음껏 꿈꾸고 원할 자유.

열한 번째, 여유로움과 넉넉함으로 세상을 바라볼 자유.

열두 번째, 싫은 것은 자유의지에 따라 "아니오"라고 말할 자유.

열세 번째, 일요일 저녁에 다음 월요일 아침에 알람을 맞추지 않고 잠을 잘 자유.

열네 번째, 자신의 정치 성향을 마음껏 표현하고 지지할 자유.

…

자유의 이점은 끝이 없다. 누구나 자유로운 삶을 꿈꾸지만 그 꿈을 위해 절실히 노력하는 사람은 많지 않다. 그저 삶이 원래 그런 것이려니 하고 체념하는 이가 더 많다. 자유로운 삶을 얻음으로써 얻을 수 있는 것을 정리해보고 늘 가슴속에 품고 노력해보라.

눈치 보지 말고, 타인의 의견에 규정당하지 말고, 당신의 승리를 위해 그것에만 집중하라. 자유를 얻어라. 이타적인 삶은 그 이후에 자연히 따라온다. 천재적 이기성은 당신을 자유로 이끈다. 천재적 이기성으로 쟁취하고 누려라, 자유를!

마지막에 웃는 자가 될 수 있다

우리는 로또 1등 당첨을 염원한다. 실제로 1등에 당첨되어 거액을 받는 사람들을 부러워한다. 거액의 로또 당첨자가 매주 10명 이상 나오고 있다는 사실에 너도나도 로또를 구입한다. 그토록 염원하던 로또 1등에 당첨되면 정말로 상상처럼 황홀한 장밋빛 인생이 펼쳐질까? 안타깝게도 꼭 그렇지만은 않다.

얼마 전, 스마트폰 도둑으로 잡힌 사람이 이슈된 일이 있다. 그가 이슈된 이유는 로또 1등 당첨자였기 때문이다. 그는 세금을 제하고도 14억 원이라는 큰돈을 갖게 되었다. 그런데 그 거액을 탕진하는 데 10개월이 채 걸리지 않았다고 한다. 사치품 구매, 호화생활, 유흥비, 도박으로 말이다. 그는 이렇게 진술했다.

"돈을 수억 원씩 잃다 보니 14억 원도 쓸 게 없었다."

복역하고 출소한 그는 거액을 가져다줬던 로또에 빠졌으나 더 이상의 행운은 없었다. 그러나 비정상적으로 돈 버는 방법에 익숙해져 있던 그는 다시 그 못된 버릇으로 돌아갔고 또다시 사기로 구속된다.

또 다른 로또 1등 당첨자는 2005년 1등 당첨금으로 18억 원을 받았다.

그러나 그는 사업으로 말아먹고, 주식투자로 돈을 잃고, 수차례 사기까지 당하며 18억 원을 다 탕진한 것은 물론, 수천만 원의 빚까지 지고 만다. 그 결과 아내와 이혼했고 결국 자살로 생을 마감했다.

인생의 행운을 거머쥐었던 그들이 이러한 비극적 결말을 맞은 이유는 무엇일까? 그들은 돈을 버는 과정과 원인을 몰랐기 때문이다. 더불어 그 돈이 얼마나 소중하고 벌기 힘든 일인지 알지 못했다. 그 큰돈을 제어할 기본적 실력과 그릇이 안 되었던 것이다. 그러니 그렇게 돈을 흥청망청 써버린 것이다.

우리는 인생의 어느 순간에 사람들이 부러워하는 것을 가진 이들을 두고 승리자라며 동경한다. 저 두 사람도 한때 인생을 다 가진 사람처럼, 인생의 승리자인 양 사람들이 부러워했을 것이다. 하지만 그들의 마지막 모습은 어떤가? 그들의 삶이 부러운가? 승자라고 느껴지는가?

우리는 단편적인 승리를 승리라고 여기지 않는다. 끝이 좋아야 진정한 승리라고 인정한다.

'마지막에 웃는 자가 진정한 승자다(He who laughs last, laughs longest)'라는 속담이 있다. 우리는 과정에서의 단편적 승리가 아닌 최후의 궁극적인 승리자가 되어야 한다.

천재적 이기성을 발휘하여 독보적인 자신의 입지를 만들면 마지막에 웃는 최후의 승자가 될 수 있다. 남들이 뭐라고 손가락질하고 수군거리고 방해해도 자신의 존재감을 확실히 만들어놓음으로써 천재적 이기성을 발휘하자. 그러면 당신은 남들을 도울 존재가 될 수 있고, 자유도 얻을 수 있으며, 명성과 권력도 가질 수 있다. 과정은 고되고 남들과 다른 길을 가기에 불안하고 힘들겠지만, 그 결과로 최후의 승자가 될 수 있다.

당신의 삶이 어떤 상황에 있든 자만할 이유도, 낙담할 필요도 없다. 인생은 생각보다 긴 여정이다. 단편적인 승리는 진정한 승리가 아니다. 이는 우리가 추구해야 할 바도 아니다.

눈앞의 일이 아무리 긴급하고 중요해 보여도, 때론 그것이 전부인 것처럼 보여도 그저 긴 인생의 점일 뿐이다. 당신의 과거를 돌아보라. 당신이 당시 그토록 안달복달했던 일들 중 지금 돌아봐도 정말 중요했다고 느껴지는 게 얼마나 되는가? 대부분의 일이 오히려 '그때 뭐 때문에 그렇게 조마조마했고 심각했지?'라는 자조와 후회가 들지 않는가? 지금 당신의 눈앞에 있거나 앞으로 다가올 일 대부분이 그런 것이니, 대범한 마음가짐을 갖길 바란다.

우리가 기억해야 할 점은 성공하는 사람은 늘 소수라는 사실을 잊지 않는 것이다. 경제 저술가 험프리 닐은 말했다.

"늘 군중의 반대편에 서라. 다수가 성공하는 경우란 없다. 모든 사람이 똑같이 생각한다면 틀렸을 가능성이 크다. 군중이 가는 길과 다르게 가야 한다."

보통의 사람들은 다수가 가는 길이 정답이라고 착각하는 경우가 매우 많다. 이러한 사람들의 심리를 이용하여 판매자들은 흔히 이렇게 부추긴다.

"거의 대부분이 선택하는 거예요!"

이 말이 많은 사람에게 먹히는 이유는 대부분의 사람이 주관이 없고, 게으르기 때문이다. 자신이 정보 찾고 알아보기가 귀찮은 것이다. 그래서 사람들이 많이 하는 게 좋은 거라고 지레짐작하는 것이다. '남들이 충분히 다 알아보고 한 거겠지'라는 안일한 생각으로 말이다. 하지만 최후의 승자는 다수가 가는 길과 반대로 가는 사람들이다. 주식에서도 돈을 버는 사람들은 남들이 팔 때 사고, 남들이 살 때 파는 사람들이다. 남들이 관심 없을 때 사서, 남들이 좋아할 때 파는 것이 모든 투자에서 돈 버는 공통된 방식이다.

쉽고 편안한 길이라면 그 길은 곧 만원이 될 것이다. 누구나 그 길로 가려고 할 것이기 때문이다. 그런 길이 궁극적으로 편한 길이 될 리 없다. 그 길은 시간이 갈수록 팍팍해지고 기회가 없어지는 험로가 될 것이다. 당장 어렵고 고된 길이 시간이 지나면서 역설적으로 편한 꽃길이 될 것이다.

천재적 이기성을 발휘하며 살아가는 것은 분명 다수가 살아가는 방식은 아니다. 다수는 다른 사람의 눈치를 보고, 자신의 내면 목소리를 따르기보다는 다수가 좋다고 하는 길을 가려 하며 자신의 본질에 집중하지 못한다. 그렇게 됨으로써 이도 저도 아닌 평균적인 사람이 되어 그저 그렇게 팍팍하고 고된 삶을 살아간다. 이따금 세상에 굴욕적인 취급을 받아가면서 말이다.

우리는 최후의 궁극적 승리자로서 마지막에 웃는 자가 되어야 한다. 과정에서의 단편적인 승리를 원하는 것이 아니다. 그러기 위해서는 소수가 되는 것을 두려워하면 안 된다. 아니, 소수가 되려고 노력해야 한다. 왜냐하면 끝이 좋은 최후의 승리자 대부분이 '특이한 사람', '괴짜' 소리를 듣는 소수이기 때문이다.

눈치 보지 말라. 무엇에도 끓리지 말고 두려워하지 말라. 당신의 천재적

이기성을 마음껏 발휘하라. 최후의 승리자가 되어 마지막에 웃는 자가
될 것이다.

이기적인 당신이
역설적으로 이타적일 수 있다

'피그말리온 효과'라는 말을 들어보았을 것이다. 피그말리온은 그리스 신화에 등장하는 키프로스의 왕이다. 피그말리온은 아름다운 여인상을 조각해 갈라데이아(Galateia)라고 이름 붙였는데, 그 모습이 너무나 아름다워서 입을 맞추는 등 진심으로 그 여인상을 사랑하게 되었다. 조각상 같은 여인을 아내로 삼게 해달라는 피고말리온의 사랑에 미의 여신 아프로디테는 감동하였고, 조각상에게 생명을 주어 그의 소망을 이뤄주었다.

피그말리온 효과는 타인의 기대나 관심이 지대한 영향을 끼쳐 진짜 그 바람대로 결과가 좋아지는 현상을 일컫는다.

가령 한 학급에서 선생님이 어떤 아이를 불량 학생, 문제아라고 낙인찍고 그 학생을 대하면 그 학생은 진짜 문제아가 되고 불량 학생이 된다. 그때 그 선생님은 "내 그럴 줄 알았다. 처음부터 알아봤다니까"라고 말하며 자신의 안목에 스스로 찬사를 보낼 것이다. 자신의 그런 기대와 믿음이 영향을 끼쳐 그 결과에 상당 부분의 원인을 제공했음을 모르고 말이다.

지금 피그말리온 효과 이야기를 하는 이유는 당신 자신에 대해서 생각해봐야 할 것이 있기 때문이다. 당신의 마음속에 뿌리 깊게 박혀 마치 족

쇠처럼 당신의 발목을 잡는 바로 그 생각 말이다.

바로 '나만 생각하고, 나만을 위해 사는 건 이기적이고 나쁜 것이다. 나보다는 다른 사람을 먼저 생각하고 돌봐야 한다'라는 생각이 그것이다. 이것은 수많은 공교육, 꼰대 같은 선생님들, 미디어, 문화 등을 통해 형성된 잘못된 믿음의 대표적 예다. 이 믿음은 당신의 생각과 행동에 사사건건 영향을 미쳐 당신이 인지하든 못 하든 간에 당신을 옥죄어왔을 것이다.

이 믿음에 기초해 인생의 모든 게 만들어졌을 것이다. 하지만 자신보다는 남들을 먼저 돌보고 나누어 베풀면 정작 자신에 대한 계발과 발전 없이 세월이 흐른다. 나중에 나이가 들었을 때 정작 자신이 가진 건 아무것도 없다. 자연히 남의 도움이 필요한 빈털터리가 되어 다른 사람의 호의에 의존하는 삶을 살아가야 한다.

다른 사람을 위한다는 좋은 마음을 실천한 결과, 다른 사람에게 폐를 끼치는 존재가 되고 만다. 이것이 현실이다.

여태 여기까지 읽어온 당신은 이제 그 생각에 의문을 제기해야 한다. 그 하등 쓸모없는 생각을 폐기해야만 한다. 왜 그렇게 생각해왔는지, 왜 그 생각을 믿었는지, 내가 원하는 결과는 무엇인지를 재조명해야 한다.

누구든지 자신이 이 사회와 세상에 크게 쓰임 받는 쓸모 있고 유용한 존재가 되길 바랄 것이다. 자신이 가진 것을 토대로 남을 돕고 구할 수 있는 삶을 살길 원할 것이다. 그 첫걸음은 기존에 갖고 있던 생각을 폐기하고 새로운 생각으로 대체하는 것이다. 기존의 나만 생각하고, 나만을 위해 사는 것은 이기적이고, 그건 나쁜 것이다. 나보다는 다른 사람을 먼저 생각하고 돌봐야 한다라는 생각은 결과적으로 남에게 폐를 끼치는 존재가 되게 만들 뿐이다.

당신은 이런 결과를 절대로 원치 않는다. 당신이 가져야 할 새로운 생각은 이것이다.

'내 앞가림을 하는 게 먼저다. 내가 내 앞가림을 잘해야 남도 도울 수 있고, 내가 잘될수록 타인을 돕고 구할 범위와 크기가 커진다. 나는 인정사정 보지 않고 치열하게 나의 인생을 일으키는 데 집중할 것이다.'

이런 생각이 당신의 삶을 일으킬 것이다. 당신이 당신의 삶을 일으키고 앞가림을 확실히 할 수 있도록 집중할 때 역설적으로 남에게 도움 되는 존재로 성장할 수 있다. 타인에게 나누고 헌신하고 베풀기에 앞서 자신에게 먼저 헌신하라. 당신 자신의 앞가림을 확실히 하면 당신은 당신 가족의 안위는 물론이고 사회와 세상을 위해 더 많이 기여하고 베풀 수 있는 멋진 존재가 될 것이다.

요즘 대한민국에서 가장 핫한 인물로 더본코리아의 백종원 대표를 들수 있다. 사업에서 많은 실패를 겪은 그는 우여곡절 끝에 쌈밥집으로 시작해 외식 프랜차이즈로 일가를 이뤘다. 그가 경영하는 더본코리아는 원조쌈밥집, 본가, 새마을식당, 한신포차, 홍콩반점0410, 빽다방, 역전우동0410, 미정국수0410, 백스비어, 돌배기집, 백철판0410 등 11개 브랜드(전국 매장 1345곳)로 지난해 매출액 1749억 원을 올렸다.

그는 자신이 외식 업계에서 우뚝 서게 되니 다른 사람의 인생을 돕는 멋진 인물이 될 수 있었다. 인기 TV 프로그램 〈백종원의 골목식당〉에서 그는 자영업으로 고전하는 사람들에게 갖가지 영업 노하우와 인생 교훈을 줘서 그들을 일으키고 성공으로 이끌고 있다. 만약 그가 자신의 삶을 일으키지 못하고 자신을 위해 헌신하는 과정이 없었다면 그토록 이타적인 인물이 될 수 있었을까?

자신이 자신을 먼저 구하니 남도 구할 수 있는 것이고, 자신을 먼저 도우

니 남도 도울 수 있게 된 것이고, 자신을 먼저 성공시키니 남도 성공시킬 수 있게 된 것이다.

남을 돕는 것은 인생에서 매우 가치 있고 소중한 일이다. 하지만 결과적으로 그렇게 되기 위해서는 순서를 명확히 해야 한다. 내가 내 앞가림을 할 수 있도록 최선을 다해야 한다. 나 자신의 삶을 위해 헌신하는 게 먼저다. 그 후에야 남을 위해 무언가를 할 수 있다.

먼저 고민해야 할 점은 내가 어떻게 살 것인가이다. 나 자신을 위한 헌신과 노력이 합해지면 결국 백종원 대표처럼 다른 사람을 돕고 구할 수 있는 존재가 될 것이다.

이런 메커니즘은 기업 활동에서도 똑같다. 기업에서는 이타심으로 일하지 않는다. 자신들의 기업에서 만드는 물건이나 서비스의 질을 높이기 위해 노력하는 것은 경쟁에서 승리하여 기업의 생존과 번영을 도모하기 위함이다. 이는 기업들의 이기적인 목적일 수 있다. 그러나 좋은 제품을 만들기 위해 불철주야 노력해야 소비자들의 선택을 받을 수 있다. 이것이 기업의 생존과 번영으로 이어지니, 선순환인 셈이다. 결국 기업이 자신의 이익을 위해 노력하지만, 그 결과로 소비자에게 더 좋은 물건과 서비스가 제공되는 것이다.

이 메커니즘을 정확히 이해했으면 자신의 삶을 먼저 돌보고 구하라. 자신의 삶을 일으키는 것을 토대로 남의 인생도 일으킬 수 있는 존재가 된다. 이 역설적인 사실을 잊지 말자.

자신이 가진 것만을 타인과 세상에 줄 수 있음을 기억해야 한다. 이기적이라는 이름으로 먼저 자신에게 충실할 때 참으로 역설적이게도 훗날 당신은 이타적인 인물이 될 것이다.

이제 실질적이고 생산적인 것에 집중할 때다. 당신만이 가질 수 있는 무기, 세상과 당당히 맞설 수 있는 필살기를 갖추기 위해 집중하라. 그것만 생각하라. 그것이 지금 이 세상을 이끌고 이 세상에 큰 유익과 도움이 되는 사람들의 공통점이다. 당신 자신을 먼저 정상에 우뚝 세워라. 그러면 세상이 당신에게 다가올 것이다. 그때 많은 사람을 돕고 구하라!

내 안의
천재적 이기성을
깨워라

초판 1쇄 인쇄 | 2020년 1월 2일
초판 1쇄 발행 | 2020년 1월 10일

지은이 | 이성운 **펴낸이** | 전영화 **펴낸곳** | 다연
주소 | (10477) 경기도 고양시 덕양구 은빛로 41, 502호
전화 | 070-8700-8767 **팩스** | (031) 814-8769 **이메일** | dayeonbook@naver.com
본문 | 미토스 **표지** | 강희연

ⓒ 이성운

ISBN 979-11-90456-02-9 (03320)

이 도서의 국립중앙도서관 출판예정도서목록(CIP)은 서지정보유통지원시스템 홈페이지(http://seoji.nl.go.kr)와
국가자료공동목록시스템(http://www.nl.go.kr/kolisnet)에서 이용하실 수 있습니다.
(CIP제어번호 : CIP2019051640)